Jean-Pierre Booto Ekionea

La gestion des connaissances dans le contexte des projets en TI

Jean-Pierre Booto Ekionea

La gestion des connaissances dans le contexte des projets en TI

Application aux projets d'entrepôt de données

Presses Académiques Francophones

Impressum / Mentions légales

Bibliografische Information der Deutschen Nationalbibliothek: Die Deutsche Nationalbibliothek verzeichnet diese Publikation in der Deutschen Nationalbibliografie; detaillierte bibliografische Daten sind im Internet über http://dnb.d-nb.de abrufbar.
Alle in diesem Buch genannten Marken und Produktnamen unterliegen warenzeichen-, marken- oder patentrechtlichem Schutz bzw. sind Warenzeichen oder eingetragene Warenzeichen der jeweiligen Inhaber. Die Wiedergabe von Marken, Produktnamen, Gebrauchsnamen, Handelsnamen, Warenbezeichnungen u.s.w. in diesem Werk berechtigt auch ohne besondere Kennzeichnung nicht zu der Annahme, dass solche Namen im Sinne der Warenzeichen- und Markenschutzgesetzgebung als frei zu betrachten wären und daher von jedermann benutzt werden dürften.

Information bibliographique publiée par la Deutsche Nationalbibliothek: La Deutsche Nationalbibliothek inscrit cette publication à la Deutsche Nationalbibliografie; des données bibliographiques détaillées sont disponibles sur internet à l'adresse http://dnb.d-nb.de.
Toutes marques et noms de produits mentionnés dans ce livre demeurent sous la protection des marques, des marques déposées et des brevets, et sont des marques ou des marques déposées de leurs détenteurs respectifs. L'utilisation des marques, noms de produits, noms communs, noms commerciaux, descriptions de produits, etc, même sans qu'ils soient mentionnés de façon particulière dans ce livre ne signifie en aucune façon que ces noms peuvent être utilisés sans restriction à l'égard de la législation pour la protection des marques et des marques déposées et pourraient donc être utilisés par quiconque.

Coverbild / Photo de couverture: www.ingimage.com

Verlag / Editeur:
Presses Académiques Francophones
ist ein Imprint der / est une marque déposée de
OmniScriptum GmbH & Co. KG
Heinrich-Böcking-Str. 6-8, 66121 Saarbrücken, Deutschland / Allemagne
Email: info@presses-academiques.com

Herstellung: siehe letzte Seite /
Impression: voir la dernière page
ISBN: 978-3-8381-4424-5

REMERCIEMENTS

Je tiens tout d'abord à remercier monsieur Albert Leujene, Professeur au Département Management et Technologie à l'Université du Québec à Montréal, pour avoir accepté la direction de ce mémoire et pour son soutien académique et moral.

Nous remercions aussi les professeurs Lise Préfontaine et Luc Cassivi, du Département Management et Technologie de l'Université du Québec à Montréal dont les observations, remarques et suggestions ont permis de livrer un travail de qualité et acceptable.

Sincère merci à mon père Antoine Booto Nkom'anyango, à ma mère Marie Mboyo Ifakalo, à mon épouse Solange Gbenima Ngawe, à mes enfants Roger Booto Ntokime, Sarah Booto Mboyo, Nathan Booto Nkomo, Christina Booto Ekionea et Amanda Booto Isako. à mes frères et sœurs qui n'ont cessé de m'apporter le soutien moral et affectif dont j'ai eu besoin malgré la distance qui nous sépare depuis maintenant plusieurs années.

Que toute la gratitude et gloire reviennent à l'Éternel Dieu par son fils Jésus-Christ pour m'avoir fait grâce et accordée la vie, la bonne santé, l'intelligence et l'inspiration sans lesquelles la présente œuvre ne serait que lettre morte.

TABLE DES MATIÈRES

LISTE DES FIGURES

LISTE DES TABLEAUX

RÉSUMÉ

La gestion des connaissances a trait à toute activité systématique de l'organisation liée à la saisie et au partage des connaissances (Earl, L., 2001). Aujourd'hui les entreprises reconnaissent de plus en plus l'importance de l'exploitation de leur patrimoine de connaissance et qui constitue un capital important qu'il faut fructifier et gérer (Dieng et al., 2000).

Lors de la gestion des projets de technologie de l'information (TI), les différents intervenants accumulent et manipulent les connaissances à travers les documentations, les réunions et toutes les activités du déroulement normal d'un projet. Cependant, il y a absence d'une stratégie de gestion systématique des connaissances : capture, transfert, conservation et partage à chaque étape du cycle de vie du projet. Cela pose problème et peut être une des causes des échecs de plus de 50% des projets TI. Oui, d'après une étude, réalisée auprès de plus d'un millier de vendeurs spécialisés aux solutions d'entrepôts de données, de logiciels et de matériels, les projets de construction d'entrepôt de données coûtant en moyenne $1 millions, échouent à une proportion de plus de 50% (Watson, H., et Haley, 1997).

Bien d'entreprises ont commencé à utiliser les pratiques de gestion des connaissances (Earl, L., 2001) mais il y a absence d'un cadre conceptuel de gestion des connaissances qui soit compréhensible et acceptable par tous (Rubenstein-Montano et al., 2001; Bobbitt, 1999). Pour ce faire, nous nous sommes posé la question de savoir si, dans la littérature, il n'y a pas de chercheurs qui ont réfléchis sur la question et comment pourrons-nous contribuer à concevoir un cadre conceptuel qui tendrait à être accepté par tous dans l'avenir. Ainsi, avons-nous pensé à envisager la mise en place d'un cadre conceptuel en gestion des connaissances des projets TI en considérant l'exemple des projets de construction d'entrepôt de données compte tenu de la complexité méthodologique qu'ils renferment.

Pour y parvenir et étant conscient que c'est une recherche exploratoire que nous serons amené à conduire, nous avons utilisé l'approche ci-après : (1) la revue de la littérature pour circonscrire le domaine de recherche et les concepts associés au cadre conceptuel à proposer, (2) la conception du cadre conceptuel proprement dit après la critique des recherches existantes, (3) l'enquête qualitative auprès des chercheurs et professeurs d'université impliqués dans la gestion des connaissances pour aider à valider le modèle. Ces derniers ont trouvé, dans l'ensemble le cadre acceptable et susceptible de constituer une base de réflexion dans le domaine de gestion des connaissances. Ainsi, les résultats de notre démarche ont conduit à la conception d'un cadre conceptuel en gestion des connaissances des projets TI qui pourrait être, bien sûre, amélioré par les études empiriques ultérieures.

Ainsi, la conception de ce cadre conceptuel, avec les améliorations qui s'en suivront permettra (1) au monde pratique d'avoir un cadre conceptuel en gestion des connaissances et qui pourrait leur servir de guide ou d'instrument à la bonne gestion des connaissances de leurs projets respectifs, (2) aux chercheurs (2a) de l'enrichir avec les études empiriques pour permettre sa généralisation à tous les projets TI et (2b) de le traiter avec les prototypes ou projets pilotes afin d'évaluer son applicabilité.

Mots clés : Gestion des connaissances, Entrepôt de données, Projets TI.

INTRODUCTION

La connaissance est devenue une ressource importante dans bien d'organisations. Le succès de ces dernières dépend de leur habileté, d'une part, à transformer les connaissances personnelles de leurs employés en connaissances sauvegardées dans un support électronique et d'autre part, à les rendre disponibles afin de les aider à accomplir une tâche quelconque ou à prendre une décision avec sagesse. Il est de plus en plus évident que la gestion des connaissances est un des facteurs critique dans divers domaines d'affaire.

La gestion des projets de technologie de l'information (TI) n'est pas en reste et devrait être un des domaines où la gestion des connaissances jouerait un rôle clé dans sa gestion courante. La sagesse judéo-chrétienne ne dit-elle pas que mon peuple meurt faute de connaissance… (Osée 4 : 6, La Bible).

Oui, d'après une étude, réalisée auprès de plus d'un millier de vendeurs spécialisés aux solutions d'entrepôts de données, de logiciels et de matériels, les projets de construction d'entrepôt de données coûtant en moyenne $1 millions, échouent à une proportion de plus de 50% (Watson et Haley 1997).

Malgré ces résultats peu encourageants, beaucoup d'organisations poursuivent les investissements importants dans les projets d'entrepôts de données dans le but d'améliorer la qualité de l'information ainsi que son accès au sein de l'organisation (Watson et Haley 1997). Certaines compagnies commencent par les petites versions d'entrepôt de données sous forme de projets pilotes généralement focalisées sur une application ou sur un ensemble de données. D'autres compagnies procèdent par la mise en place des *DataMart* comme preuve de concept pouvant se réaliser dans un environnement restreint et à faible coûts qu'on pourrait généraliser plus tard en cas de succès.

Dans les deux cas, et peu importe l'issue, on aura besoin de tirer les leçons qui s'imposent afin de garantir la réussite d'une construction complète de l'entrepôt de données. Pour ce faire, la mise en place d'une politique (stratégie) de repérage, de conservation, de partage et de la régénération des connaissances tant explicites que tacites est un des facteurs qui déterminent la réussite d'un tel projet. Cette politique doit être appliquée au niveau individuel, de groupe et du projet. En effet, dans un projet d'entrepôt de données, les besoins étant généralement indéfinis et compte tenu de la problématique susmentionnée, les concepteurs et analystes sont amenés à revenir aux phases antérieures du projet afin de corriger certaines erreurs. La non conservation des connaissances antérieures entraînerait les coûts énormes additionnels car on est obligé à recommencer les mêmes étapes plus d'une fois courant ainsi le risque de répéter les erreurs du passé.

Ainsi avons-nous pensé à la gestion de connaissances durant et après le projet dans l'espoir d'une part, de capturer les connaissances pour ensuite les partager entre les membres du projet, et d'autre part d'aider l'entreprise à capitaliser les connaissances circulant dans un tel projet.

Quel serait le cadre conceptuel et quelles méthodes, approches ou technologies utilisées pour y parvenir? C'est la grande question à laquelle nous tenterons de répondre tout au long de notre recherche.

Afin, justement, de mieux cerner notre démarche, nous présentons, dans les lignes qui suivent, la problématique, les objectifs, les questions de recherche et la méthodologie qui guiderons notre démarche.

Problématique

1. Absence d'un cadre conceptuel de gestion de connaissances compréhensif et accepté par tous en projet de technologie de l'information (Rubenstein-Montano et al., 2001; Bobbitt 1999).

   Pour aborder avec sérénité la question de la gestion des connaissances des projets en technologie de l'information et dans la perspective d'aider à son succès, nous avons besoin d'un cadre conceptuel. Or là-dessus et comme vous le constaterez dans l'analyse que nous présentons au chapitre 3, les opinions divergent entre les différents auteurs et aucun consensus n'est encore dégagé. C'est d'ailleurs ce que Rubenstein-Montano et al. (2001) affirment lorsqu'ils écrivent: « Myriad frameworks have been developed for knowledge management. However, the field has been slow in formulating a generally accepted, comprehensive framework for knowledge management ». Rubenstein-Montano et al. (2001) expliquent cette affirmation en ces termes: « Knowledge management remains a young, developing field, and existing frameworks include some but not all of the key attributes identified …». Déjà en 1998, Beckman avait senti le besoin et soulignait: « KM is a young discipline for which a codified, generally accepted framework has not been established »

2. Le non alignement des objectifs stratégiques du projet de construction d'entrepôt de données avec les stratégies de la gestion des connaissances est un des obstacles majeurs empêchant une bonne gestion des connaissances dans le but d'aider le projet à réaliser sa mission. Liebowitz (1999) et Liebowitz et Beckamn (1998) observent que « la gestion des connaissances devrait être intégrée avec les objectifs stratégiques de l'organisation dans le but de réaliser son potentiel de soutien à la performance de l'organisation ».

Objectif du mémoire

Proposer un cadre conceptuel intégré de gestion de connaissances en Projet TI en général et de projet de construction d'entrepôt de données en particulier qui tienne compte de l'alignement des objectifs stratégiques de gestion de projet avec ceux de la gestion de connaissances.

L'atteinte de cet objectif devrait conduire à la mise sur pied des balises d'un cadre conceptuel avec vocation universelle dans les projets en technologie de l'information.

Questions de recherche

Quels sont les cadres conceptuels existants en gestion de connaissances susceptible d'intéresser le Projet de construction d'entrepôt de données?

Quelles sont leurs forces et faiblesses?

Quel serait le cadre conceptuel idéal pour la gestion des connaissances en TI ou en projet de construction d'entrepôt de données?

Méthodes de recherche

« Une méthode est une manière ordonnée de mener quelque chose, ou un ensemble ordonné de règles, d'étapes permettant de parvenir à un résultat; technique; procédé. Une méthode est une démarche rationnelle de l'esprit pour arriver à la connaissance ou à la démonstration » (Descartes, Discours de la méthode).

Pour y parvenir et étant conscient que c'est une recherche exploratoire que nous serons amené à conduire, nous utiliserons l'approche ci-après : (1) la revue de la littérature pour circonscrire le domaine de recherche et les concepts associés au cadre conceptuel à proposer, (2) conception du cadre conceptuel proprement dit après la critique des recherches existantes, (3) enquête qualitative auprès des chercheurs et professeurs (deux ou trois) d'université impliqués dans la gestion des connaissances pour aider à valider le modèle. Un questionnaire approprié sera conçu. Nous leur enverrons le questionnaire et envisagerons, si nécessaire, les entrevues avec eux pour obtenir plus d'éclaircissement sur les réponses qu'ils auront données au questionnaire. Leurs opinions nous seront d'une grande utilité parce qu'ils sont sensés connaître les limites des recherches existantes dans ce domaine et peuvent apprécier, à sa juste valeur, l'intérêt scientifique de notre recherche. Nous pourrons ainsi, soit apporter les modifications souhaitées, soit confirmer la justesse de notre démarche. Cette approche nous a semblé justifiée du fait que la recherche que nous menons est exploratoire compte tenu de l'absence d'un cadre théorique accepté par tous comme nous l'avons souligné dans la problématique. Le résultat attendu à l'issue de cette étude est principalement la conception et la validation par questionnaire qualitatif, auprès des chercheurs du domaine, du cadre conceptuel à proposer.

Pour ce faire, il sied de noter que nous n'entendons pas mener une étude empirique avec les enquêtes quantitatives pour des raisons que nous venons d'évoquer. Notre étude se limitera donc à concevoir un cadre conceptuel dans les conditions et approches mentionnées ci-dessus. Les études postérieures pourront se charger de mesurer les concepts et de vérifier leur fiabilité en vue d'évaluer la généralisation du cadre conceptuel à proposer.

Ainsi, pour mieux cerner notre travail, nous l'avons structuré comme suit :

1. **Revue de la littérature**

   Au cours de cette étape, nous essayerons (a) de définir les concepts liés à la gestion des connaissances, (b) de situer la place de la gestion des connaissances dans une entreprise ou projet TI en générale et dans un projet de construction d'entrepôt de données en particulier et (c) de ressortir l'importance d'une mémoire d'entreprise en général et une mémoire de projet en particulier.

2. **Analyse critiques des cadres conceptuels existants**

   À cette étape de notre mémoire, nous faisons la présentation et l'analyse critique des cadres conceptuels existants. Cette analyse comparative nous conduira à ressortir les ressemblances et les divergences, les points forts et les points faibles des cadres conceptuels existants. Nous pensons que cette approche nous aidera à proposer un cadre conceptuel qui soit proche de la réalité et adapté aux besoins spécifiques des projets TI en général et de construction d'entrepôt de données en particulier.

3. **Proposition d'un cadre conceptuel spécifique au Projet de construction d'entrepôt de données et applicable aux projets TI.**

   À la réalisation de cette étape du mémoire, nous proposons un modèle intégré de gestion des connaissances des projets TI et de construction d'ED.

4. **Évaluation et validation du cadre conceptuel à l'aide d'un questionnaire**

   Cette étape consistera à valider, à l'aide d'un questionnaire qualitatif, auprès des chercheurs et professeurs en gestion des connaissances le cadre conceptuel proposé. Comme souligné à la méthodologie, nous envisagerons, après retour du questionnaire envoyé aux chercheurs, les entrevues pour discuter des réponses au questionnaire retourné.

5. **Discussions et conclusion**

   Nos discussions porteront sur les réponses aux questionnaires. Ensuite nous tirerons la conclusion si le cadre proposé est accepté ou rejeté par les personnes interrogées. Nous ressortirons aussi la contribution et les limites de notre étude tout en proposant les pistes de recherche a venir sur le cadre théorique conçu.

CHAPITRE I

REVUE DE LA LITTÉRATURE ET DÉFINITION DU SUJET

Lors de ce chapitre, nous essayerons d'abord de présenter quelques définitions et méthodes ou approches représentatives de chercheurs et de praticiens des domaines de la gestion des connaissances et des entrepôts de données.

Définitions

Bouteillier (1999, cité par Réal, 2000) reconnaît que « la gestion des connaissances est une nouvelle science visant à réorganiser l'entreprise autour de sa richesse immatérielle ». Alors que Hamilton (1998, cité par Réal, 2000) définit la gestion des connaissances comme un processus de création, d'acquisition, de transfert et d'utilisation des connaissances dans le but d'améliorer le rendement de l'organisation. L'auteur identifie deux types d'activités : a) les activités par lesquelles on tente de documenter et de s'approprier les connaissances individuelles et celles servant à diffuser ce savoir au sein de l'organisation et, b) les activités qui facilitent les échanges humains, dans le cadre desquelles on partage un savoir non codifié. Davenport (1998) quant à lui soutient que « la gestion des connaissances est un processus de capture, de partage et de réutilisation des connaissances dont les organisations utilisent pour devenir plus productif et de développer les relations avec leurs clients ». Ernest et Young (1999), de leur côté, définissent la gestion des connaissances comme « un cadre conceptuel ou un système conçu pour venir en aide aux entreprises afin de capturer, analyser, appliquer et réutiliser les connaissances dans le but de consolider les efforts en vue de prendre les bonnes décisions ». Dieng et al. (2000) développent une autre dimension et définissent la gestion des connaissances comme étant la gestion des compétences dans la mesure où elle vise à améliorer les compétences collectives de l'entreprise. La problématique de la gestion des connaissances a été définie par Brunet (1994, cité par Ermine et al, 1999) comme la mise en place d'un système de gestion des flux cognitifs qui permet à tous les composants de l'organisation à la fois d'utiliser et d'enrichir le patrimoine de connaissances de cette dernière.

De ces quelques définitions, et selon Blumentritt et Johnson (1999) qui définissent la gestion des connaissances comme étant un « savoir-agir responsable et valide » et qui consiste à mobiliser les savoirs qu'elle a su sélectionner, intégrer et combiner, on peut dégager un certain nombre de dimensions importantes relatives à l'idée de la gestion des connaissances au sein d'une organisation. Il s'agit d'une stratégie qui favorise :

❑ les *savoirs théoriques* (« savoir-que ») pouvant consister en concepts, des schémas, des connaissances disciplinaires, des connaissances sur les processus ou les procédés, des connaissances sur les matériels et les produits, des connaissances organisationnelles, des connaissances sociales;

❑ les *savoirs procéduraux* prescrivant le « comment-faire » en vue d'une action à réaliser; les *savoir-faire procéduraux* permettant, après entraînement, d'appliquer lors de l'action, les méthodes ou procédures connues grâce aux savoirs procéduraux;

❑ les *savoir-faire « expérentiels »* ou empiriques qui sont des savoirs issus de l'action et comprenant les leçons tirées de l'expérience pratique; et les *savoir-faire sociaux.*

1.2. Quelle est la place de la gestion des connaissances dans une entreprise?

Aujourd'hui, constate Dieng et al. (2000), les grands groupes industriels reconnaissent l'importance stratégique d'une meilleure exploitation de leur patrimoine de connaissance. Les connaissances de ces membres, pour ces groupes, constituent un capital qu'il est important de faire fructifier et de gérer aux mieux : le capital *matière grise*. Préserver et valoriser ses expériences professionnelles, ses acquis techniques, bref son savoir-faire, est devenu une nécessité vitale pour l'entreprise, qui doit *savoir agir, savoir réagir et savoir innover* au niveau collectif.

Pour ce faire, des équipes de recherche de plus en plus nombreuses, et en provenance de multiples disciplines (intelligence artificielle, science cognitives, sciences des organisations) tentent d'y apporter des réponses. (Dieng et al., 2000). Dans le même contexte, ils soulignent que « les entreprises doivent inventer de nouvelles formes d'organisation favorisant un véritable partage de connaissances pour améliorer les conditions de travail des membres de l'entreprise. La gestion des connaissances ou capitalisation des connaissances (knowledge management) visant à préserver et valoriser les connaissances de l'entreprise est donc un important problème industriel.

Ainsi la capitalisation des connaissances dans une organisation a pour objectifs de valoriser la croissance, la transmission et la conservation des connaissances dans une organisation (Steels, 1993).

1.3. Qu'est-ce qu'une mémoire d'entreprise?

La mémoire d'une entreprise inclut non seulement une mémoire technique obtenue par la capitalisation du savoir-faire de ses employés, mais également une mémoire organisationnelle (ou mémoire managériale) liée aux structures organisationnelles passées et présentes de l'entreprise (ressources humaines, management, etc.) et des mémoires de projet pour capitaliser les leçons et l'expérience de certains projets. (Pomiam, 1996)

Tourtier (1995, cité par Dieng et al., 2000) distinguait, une année avant, les différentes mémoires que l'on peut rencontrer dans une organisation à savoir :

❑ la mémoire métier, explicitant les référentiels, documents, outils et méthodes employés dans un métier donné;

❑ la mémoire société, liée à l'organisation, à ses activités, à ses produits et à ses partenaires (par exemple clients, fournisseurs, sous-traitants de l'entreprise);

❑ la mémoire individuelle, précisant le statut, les compétences, le savoir faire et les activités d'un membre donné de l'entreprise;

❑ la mémoire de projet, comportant la définition du projet, ses activités, son historique et ses résultats.

La formalisation des connaissances permet d'avancer en étapes pour atteindre le but du projet (Dieng et al., 2000).

1.3.1. Qu'est-ce qu'une mémoire de projet?

Van Heijst et al. (1996) définissent la mémoire de projet comme étant la représentation explicite, persistante, et désincarnée, des connaissances et des informations dans une organisation. La définition que donnent Dieng et al. (2000) d'une mémoire d'organisation est intégralement applicable à la mémoire de projet découlant d'une bonne gestion des connaissances : une mémoire d'organisation est une représentation persistante, explicite, désincarnée, des connaissances et des informations dans une organisation, afin de faciliter leur accès, leur partage et leur réutilisation par les membres adéquats de l'organisation, dans le cadre de leurs tâches.

« Une mémoire de projet représente donc le cycle de vie de projets réalisés dans une entreprise : l'idée de base, les étapes de réalisation, les ressources investies (matérielles et humaines), les contraintes, la prise de décision et les évolutions. Cette mémoire forme un capital nécessaire dans une entreprise. Elle fournit des leçons de réalisation de projets et témoigne des problèmes qui peuvent être rencontrés dans certains types de projets. La mémoire est enfin une base importante pour l'apprentissage de la gestion d'un projet et la résolution de problèmes. (Dieng et al., 2000).

1.3.2. Quelles sont les sources de connaissances pour une mémoire de projet?

Il existe plusieurs sources de connaissances pour une mémoire de projet (Dieng et al., 2000). Ballay (1997) distingue globalement différentes sources comme les documents textuels et formels, les éléments physiques, les réunions et les discussions.

❑ *Documents textuels :* plusieurs documents textuels décrivent en général l'objectif du projet et les besoins ressentis. Les documents textuels peuvent être sous forme électronique ou papier. Il est donc important d'établir des liens vers ces descriptions riches en connaissances et définir des moyens d'accès à ces connaissances.

- *Documents formels* : les documents formels sont généralement sous forme de bases de données définies à partir d'outils spécifiques (comme les outils de gestion, planification, de dessin, CAO, CFAO, de génie logiciel, etc.), ou avec des outils de gestion de bases de données (comme Excell, Works ou autres). Les travaux sur la gestion de bases de données peuvent être exploités pour établir des liens vers ces bases et les indexer (indexation par hiérarchies de classes d'objets, par représentation en points de vue, etc.).

- *Éléments physiques* : ce sont des maquettes et des prototypes des résultats qui sont développés dans un projet. Il est important, dans certains cas, de garder une trace de ces éléments, soit en gardant leur description (formelle ou textuelle), soit en les gardant en tant que tel.

- *Réunions et discussions* : plusieurs réunions jalonnent la réalisation d'un projet. Ces réunions permettent d'une part, dévaluer les résultats obtenus à chaque étape, et d'autre part, de préparer la progression dans un projet et de résoudre les problèmes rencontrés. Lors de telles réunions, des problèmes de réalisation sont présentés, des alternatives de solution sont proposées et des décisions sont prises. Ces connaissances sont primordiales dans une mémoire de projet. Elles permettent de justifier les résultats obtenus, ainsi que les solutions écartées et leurs conséquences.

Le projet de recherche que nous menons se focalise sur la mémoire de projet et plus particulièrement sur la gestion des connaissances d'un projet de construction d'entrepôt de données.

CHAPITRE II

QUELLE EST LA NATURE ET LE DÉFI DE LA GESTION DES CONNAISSANCES EN PROJET DE CONSTRUCTION D'ENTREPÔT DE DONNÉES?

Nous tenons à rappeler que le projet de construction d'entrepôt de données est un projet comme tout autre projet informatique du point de vue de sa définition, sa gestion et son évaluation : l'idée de base, les étapes de réalisation, les ressources investies (matérielles et humaines), les contraintes, la prise de décision et les évolutions (Dieng et al., 2000).

Malgré les résultats négatifs (échec de 50% des projets ED), comme souligné plus haut, beaucoup d'organisations poursuivent les investissements importants dans les projets d'entrepôts de données dans le but d'améliorer la qualité de l'information en vue de développer l'intelligence d'affaire. Certaines compagnies commencent par les petites versions d'entrepôt de données sous forme de projets pilotes généralement focalisées sur une application ou sur un ensemble de données. Certaines autres procèdent par la mise en place des *Data Mart* comme preuve de concept pouvant se réaliser dans un environnement restreint et à faible coûts qu'on pourrait généraliser plus tard en cas de succès.

Dans les deux cas, et en cas d'échec ou de réussite, on aura besoin de tirer les leçons qui s'imposent afin de garantir la réussite d'une construction complète de l'entrepôt de données. Pour ce faire, la mise en place d'une politique (stratégie) de repérage, de conservation, de partage et de la régénération des connaissances tant explicites que tacites est un des facteurs déterminant la réussite d'un tel projet. Cette politique doit être appliquée au niveau individuel, de groupe et du projet en entier. En effet, dans un projet d'entrepôt de données, les besoins étant généralement indéfinis et compte tenu de la problématique susmentionnée, concepteurs et analystes sont amenés à revenir aux phases antérieures du projet afin de corriger certaines erreurs. La non conservation des connaissances antérieures entraîne les coûts énormes additionnels, car, à plus d'une fois, on est obligé de recommencer les mêmes étapes. Il y a donc un risque évident de répéter les erreurs du passé et de ne pas mettre à profit les expériences développées durant les étapes précédentes.

Ainsi avons-nous pensé à la gestion des connaissances, au cours et après le projet, dans l'espoir d'une part, de capitaliser les connaissances pour ensuite les partager entre les membres du projet, et d'autre part d'aider l'entreprise à capitaliser les connaissances circulant dans un tel projet.

Pour ce faire, la gestion des connaissances que nous visons devrait viser à :

- ❑ créer des opportunités pour permettre aux personnes de collaborer entre elles et de générer de nouvelles idées;
- ❑ donner aux différentes catégories d'acteurs du projet l'opportunité de trouver rapidement des réponses éprouvées lors de situations spécifiques dans la réalisation des tâches liées au projet;

❑ veiller à préserver, à enrichir et à exploiter efficacement la mémoire organisationnelle de l'entreprise;

❑ contribuer à l'amélioration des savoirs détenus par les acteurs internes (employés) et externe (consultants). (Réal, 2000)

Kimball (1998) relève les caractéristiques particulières qui distinguent un projet de développement en technologie de l'information et un projet de construction d'entrepôt de données :

❑ Le fonctionnement parallèle des équipes du projet soulève de problèmes de communication au sein du projet;

❑ Son cycle itératif de développement cause de besoins importants de communication;

❑ Les erreurs sur les données à publier sont inévitables et susceptibles de causer d'énorme problèmes à la planification du projet s'il n'y a aucune politique cohérente de communication;

❑ Son niveau élevé de visibilité exige une bonne communication afin de tenir au courant la haute direction de l'évolution du projet.

2.1. Approches de gestion de connaissances en Projet de construction d'entrepôt de données

La réalisation d'un projet de   gestion des connaissances, dans un projet de construction d'ED, implique plusieurs objectifs :

1. Identifier les types de connaissances pertinentes suivant les modes de conservation traditionnelle;

2. Concevoir et mettre en œuvre un processus d'acquisition de ces connaissances;

3. Structurer, conserver et assurer l'évolution de ces connaissances ;

4. Diffuser et partager les connaissances en vue de leur utilisation rationnelle par les membres du projet et de l'organisation ;

5. Evaluer les besoins en technologie de l'organisation (ou projet) en vue de concevoir, adapter ou redéfinir la nouvelle plate forme technologique susceptible de supporter un environnement de gestion de connaissances.

À l'aide d'un diagramme dimensionnel de cycle de vie (voir figure 1), Kimball présente l'enchaînement des différentes étapes de développement d'un projet de construction d'ED au travers lesquelles les connaissances sont générées. Ces types de projets sont généralement développés sans une politique ou stratégie claire d'acquisition et de partage des connaissances. Ces connaissances sont donc enfuient dans les différents documents du projet et ne peuvent pas être exploitées efficacement par les membres du projet. D'autres types de connaissances qu'on ne peut pas codifier comme les expériences de travail ou les habilités développées par les différents acteurs tout au long du projet ne sont pas mises à la disposition de l'équipe de projet.

Cette situation est plus déplorable parce que nous savons que le personnel en TI est souvent mouvant d'une part et que la plupart de projets font souvent appel aux experts externes d'autre part.

2.2. Quel est le cycle de vie d'un projet de construction d'entrepôt de données

Kimball (1998) présente un cycle de vie détaillé d'un projet de construction d'entrepôt de données dans la *figure 1* ci-après.

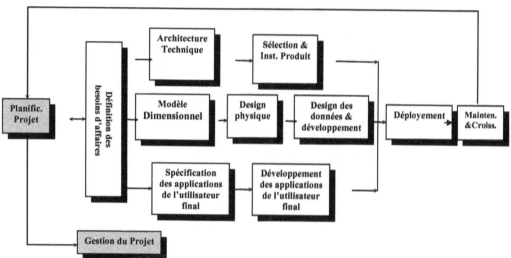

Figure 1 : Diagramme dimensionnel du cycle de vie (Kimball et al., 1998)

Étant donné que l'objectif poursuivi par notre étude n'est pas de développer un système de gestion des connaissances des projets TI ou d'ED plutôt de concevoir un modèle théorique, nous épargnons nos lecteurs de la description de chaque phase du cycle de vie d'un projet d'ED tel que proposé par Kimball.

Toute fois, nous nous inspirerons de ce diagramme pour bâtir les domaines de connaissances des projets TI ou d'ED en vue de la conception d'un modèle théorique. D'autres travaux de recherche pourront ainsi donc utiliser le modèle que nous mettons en place pour l'appliquer à chaque phase du projet d'ED.

CHAPITRE III

PRÉSENTATION ET ANALYSE CRITIQUE DES CADRES CONCEPTUELS EXISTANTS EN GESTION DES CONNAISSANCES

Concernant la gestion des connaissances au sein d'une organisation, le premier à formaliser le processus d'acquisition et de partage des connaissances et aujourd'hui reconnu comme la référence en la matière est Nonaka Ikujiro avec son cadre conceptuel qui propose quatre principaux construits. Selon Nonaka (1994), la création des connaissances au sein d'une organisation passe par *la socialisation* (individu à individu), *l'extériorisation* (individus au groupe), *la combinaison* (groupes à l'organisation) et *l'intériorisation* (l'apprentissage durant lequel l'individu s'approprie les connaissances organisationnelles) (voir la figure 10). Les critiques du cadre de Nonaka lui reprochent de ne pas tenir compte du contact entre l'individu et l'objet susceptible de générer ou d'être à l'origine de la création de nouvelles connaissances. Les considérations environnementales, culturelles, stratégiques et les contraintes organisationnelles sont aussi d'autres facteurs qui peuvent influencer directement ou indirectement une bonne gestion des connaissances au sein de l'organisation (Andersen, 1997 & 2000; Apostolou and Mentzas 1998); Dataware Technologies, Inc, 1998; Delphi Group, 1999; Gersting et al., 2000; Holsapple and Joshi, 1997 & 1998).

Pour ce faire, Rubenstein-Montano et al. (2001) classent les différents cadres conceptuels en gestion des connaissances en trois catégories : *prescriptif*, *descriptif* ou la combinaison des deux (*hybride*). Les cadres prescriptifs orientent les types de procédures et donnent les détails sur la manière de réaliser la gestion des connaissances. Ils prescrivent les méthodologies à emprunter sur les activités de gestion des connaissances. Tandis que les cadres descriptifs caractérisent ou décrivent la gestion des connaissances. Ces cadres conceptuels contribuent au succès ou à l'échec de l'initiative en gestion de connaissances dans une organisation.

3.1. Présentation des cadres conceptuels existants

Les cadres conceptuels étudiés sont repris comme tels en annexe 2 du présent travail. Nous nous sommes inspirés des trois catégories que proposent Rubenstein-Montano et al. (2001) et avons retenu les quatre construits de Nonaka (1994) pour regrouper les principales étapes des cadres prescriptifs proposés par les auteurs et enfin, les caractéristiques des cadres conceptuels descriptif et hybride sont présentées suivant le regroupement fait par Rubenstein-Montano et al. (2001). Le tableau 1 et la figure 2 donnent une idée synthétique des cadres conceptuels existants.

Catégories	Étapes/Caractéristiques	Auteurs
Prescriptif *(procédure et méthodologies à emprunter pour les activités en gestion des connaissances)*	**(1) Socialisation** - Identifier : c'est l'identification de la personne qui sait - Transformation de l'information en connaissance - Lier les connaissances spécifiques à chaque acteur - Définir et faciliter les mécanismes de partage des connaissances (individu à individu, objet à individu). **(2) Extériorisation** - Récupérer les connaissances - Regrouper les connaissances - Organiser et transformer la connaissance - Partager ou distribuer automatiquement la connaissance à chaque acteur. **(3) Combinaison** - Gérer les changements liés à la diffusion et à l'option d'un système des connaissances, - Conserver et consolider les connaissances dans la mémoire de l'entreprise. **(4) Intériorisation** - Apprendre les nouvelles connaissances.	Smith (1999); Arthur Andersen Consulting (1997); Andersen Consulting (2000); Gersting et al, (2000); Dataware Technologies, Inc. (1998); The Delphi Group (1999); Holsapple and Joshi (1997); Knowledge Associates (1999); The Knowledge Research Institute Inc. (1998); Liebowitz, J. (2000); Liebowitz and Beckman (1998); Marquardt (1996); Junnarkar, B., (1997); O'Dell (1996); Saint-Onge (1998); Steier et al (1997); Ruggles (1997); Skandia (1999); Van der Spek and de Hoog (1997; 1998); Van Heijst et al. (1997); Wielinga et al. (1997); Wiig (1993).
Descriptif *(caractérise ou décrit la gestion des connaissances (CG))*	- Définir l'environnement de l'organisation (mode, marchés, concurrents, technologies, etc.), - Identifier les processus, les cultures et les technologies, - Identifier et formater les problèmes d'affaires, - Identifier les compétences clés, la stratégie d'origine et les domaines de connaissance, - Définir la stratégie de gouvernance de la GC (leadership, coordination, contrôle, mesure), - Évaluer la contribution de la GC à la performance organisationnelle, - Définir les mécanismes d'acquisition des connaissances, - Évaluer la pertinence de la GC, sa valeur et son exactitude et résoudre les conflits de connaissance, - Préparer le changement, - Conceptualiser (identifier/inventorier les connaissances existantes, représenter, classifier et analyser les points forts et les points faibles), - Créer l'équipe de la GC, - Arrêter la stratégie de modélisation et d'assurance qualité.	Buckley & Carter (1998); Ernst and Young (1999); Holsapple and Joshi (1998); Apostolou and Mentzas (1998)
Hybride *(Utilisation imbriquée des caractéristiques et étapes des cadres prescriptifs et descriptifs)*	**(1) Identifier les facteurs culturels** - Culture organisationnelle, - Culture du groupe ou de l'entité, - Culture individuelle. **(2) Aligner la GC aux objectifs d'affaires** **(3) Inclure les caractéristiques des cadres descriptifs** **(4) Inclure les étapes des cadres prescriptifs** **(5) Utiliser le feedback loops** (figure 11) **(6) Utiliser le double-loop learning** (figure 11).	Dataware Technologies, Inc. (1998); Holsapple and Joshi (1998); Andersen (2000); Apostolou and Mentzas (1998); Andersen, (1997); Delphi Group (1999); Gersting et al., (2000); Holland (1962); Holland (1975); Shakun (1981); Junnarkar (1997); Liebowitz (2000); Saint-Onge (1999).

Tableau 1 : Tableau synoptique des cadres conceptuels en gestion des connaissances.

3.2. Analyse critique des cadres conceptuels existants

Le cadre conceptuel attendu devrait considérer le processus de gestion de connaissances dans son entièreté : proposition de l'organisation (objectifs stratégiques), connaissance, technologie, apprentissage et la culture des personnes. Ceci nous conduit à considérer les différents types de connaissances à savoir les flots de connaissances, la connaissance des tâches, l'apprentissage, la technologie et les cultures des sous-groupes de personnes (Rubenstein-Montano et al., 2001).

La première leçon tirée est que la majorité des cadres conceptuels ci-dessus décrits sont prescriptifs c'est-à-dire basés sur la réalisation de la tâche. Quelques exemples présentent de cadres conceptuels basés sur les activités pour la gestion des connaissances où l'emphase est mise sur le cycle de vie de la connaissance [Ernest et Young (1999), Knowledge Associates (Young 1999), The Knowledge Research Institute, Inc. (Wiig 1998), Liebowitz (2000), Marquardt (1996), O'Dell (1996) et Ruggles (1997)].

Quelques autres exemples sur la tâche incluent l'acquisition des connaissances (Liebowitz 1999; Steier et al., 1997), la génération et la création de connaissances (Ernst & Young, 1999; Liebowitz 1999; Liston, D.M. and Schoene 1971; Skandia 1999), l'organisation de connaissances (Liston and Schoene 1971), le partage de connaissances (Liston and Schoene 1971; Steier et al., 1997) et l'utilisation/application de connaissances (Ernst & Young, 1999; Liebowitz 1999).

Par ailleurs Dataware Technologies, Inc. (1998) et Holsapple and Joshi (1998) présentent l'hybride des deux types de cadres conceptuels. Les deux types de cadres conceptuels (descriptive et hybride) reconnaissent :

❑ les aspects de la gestion des connaissances non-orientée tâche telle que les facteurs culturels (Andersen, 2000; Apostolou and Mentzas, 1998; Andersen, 1997; Dataware Technologies, Inc, 1998; Delphi Group, 1999; Gersting et al., 2000; Holsapple and Joshi 1997);

❑ l'importance d'aligner la gestion des connaissances aux objectifs stratégiques d'affaires (Andersen, 2000; Andersen, 1997; Gersting, et al., 2000). Holsapple et Joshi (1998) insistent sur les notions de leadership, planification et la coordination;

❑ le besoin d'inclure le *feedback loops* pour répondre aux changements dans l'environnement de la gestion des connaissances (Andersen, 2000; Andersen, 1997; Gersting et al., 2000). Ce qui ouvre la porte à l'adaptabilité (Holland, 1962; Holland, 1975) et aux réactions (Shakun, 1981) afin d'augmenter les résultats des efforts sur la gestion des connaissances.

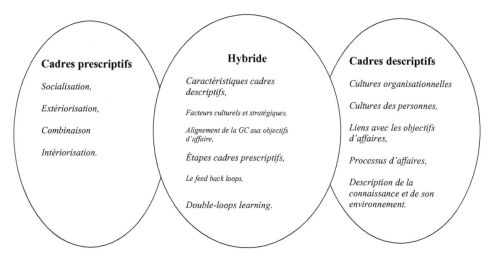

Figure 2 : *Cadres conceptuels existants*

La seconde leçon tirée est l'inclusion de l'apprentissage dans les cadres conceptuels de la gestion des connaissances (Junnarkar, B., 1997). C'est Liebowitz (2000) et The Mutual Group (Saint-Onge, H., 1999) qui proposent les cadres conceptuels incluant un composant d'apprentissage explicitement. Arguris et Schön (1978) proposent la notion de *double-loop learning* qui consiste à impliquer l'apprentissage là où le changement s'effectue au lieu de se fier seulement à la notion de *single-loop learning* qui se charge de changements incrémentaux au niveau de l'organisation.

La troisième leçon tirée est qu'au regard de ce qui précède, il n'y a pas un cadre conceptuel qui tienne compte de tous les composants qui soit accepté par tous comme le souligne d'ailleurs Beckman (1998) et (Rubenstein-Montano et al., 2001).

Il y a donc nécessité de tenir compte des propositions (Rubenstein-Montano et al., 2001) de :

❑ Holsapple et Joshi (1998) qui incorporent l'apprentissage et la culture organisationnelle dans leurs cadres conceptuels,

❑ Arthur Andersen (1997) qui inclut tous les aspects clés tels que les facteurs culturels, liens avec les objectifs stratégiques et le *feedback loops* pour l'apprentissage,

❑ Buckley et Carter (1998) qui prennent une approche en mettant l'emphase sur les processus d'affaire.

Rubenstein-Montano et al. (2001) recommandent un modèle qu'ils appellent « *A Systems Thinking Framework for Knowledge Management* » avec les directions ci-après : le concept de *Systems Thinking* demande un cadre conceptuel qui devrait être hybride et incluant à la fois les éléments prescriptifs et descriptifs. Ce qui faciliterait le recours à une approche qui considérera les activités nécessaires pour la gestion des connaissances et les parties additionnelles du système ayant un impact sur les activités de la gestion de connaissances telles que les objectifs d'affaires, la culture et les personnes, et l'apprentissage.

CHAPITRE IV

ÉLABORATION D'UN MODÈLE INTÉGRÉ DE GESTION DE CONNAISSANCES EN TI

Rubenstein-Montano et al. (2001) notaient qu'il y avait lieu de marquer la différence due à la classification des connaissances : explicites et tacites. Les connaissances explicites sont celles qui peuvent être codifiées et qui sont en un langage formel (Nonaka, 1991; 1994). Ces connaissances peuvent être représentées, stockées, partagées et effectivement appliquées (Beckman, 1998). Et les connaissances tacites sont celles qui sont difficiles à exprimer, à représenter et à communiquer (Nonaka, 1991; 1994).

En envisageant de concevoir un modèle intégré de gestion de connaissance dans le cadre d'un projet de construction d'entrepôt de données, nous tiendrons compte des modèles existants tels qu'étudiés au chapitre précédent. Nous retenons que pour réaliser un modèle de gestion de connaissances, on a besoin de bâtir un modèle stratégique qui sera complété par deux types de modèles qui marchent toujours ensemble à savoir :

- ❑ Le modèle prescriptif : c'est-à-dire basé sur la réalisation de la tâche.
- ❑ Le modèle descriptif : c'est-à-dire basé sur le partage des informations et des connaissances.

Nous devons aussi tenir compte de la catégorisation des connaissances qui nous guide à la rationalisation de l'utilisation de la connaissance telle que proposé par Blumentritt et Johnson (1999) :

- ❑ *Know-what (savoir-quoi)* : connaissances sur les faits et qui peuvent être aisément codifiées,
- ❑ *Know-why (savoir-pourquoi)* : connaissances sur les principes et sur les lois,
- ❑ *Know-how (savoir-comment)* : habileté, capacité de prendre en charge (réaliser) avec succès une tâche donnée,
- ❑ *Know-who (savoir-qui)* : information sur la personne qui sait quoi et comment faire quoi,
- ❑ *Know-when (savoir-quand)* : c'est ici qu'intervient la sagesse d'agir et de décider : « quand » et/ou « si ».

Pour mieux comprendre cette catégorisation, Spiegler (2000) la représente comme suit :

- ❑ **Réalité :** c'est l'entité ou le contexte dans lequel se réalise la gestion des connaissances,
- ❑ **Données :** représentation, enregistrement et stockage,
- ❑ **Information :** traitement de données : Organisation, Trie, Calcul, récupération, éditions,
- ❑ **Connaissance :** traitement de l'information : Reformatage, Quantification, Qualification, Groupage (Clustering), Apprentissage, Dissémination,
- ❑ **Sagesses :** Découverte, Interface, Valeurs, Jugement, Intuition, Abstraction.

Blumentritt et Johnston (1999) décrivent le cycle de vie de *Knowledge-Information* avec deux faces consistant, interagissant dans le temps, à créer et à utiliser l'information et la connaissance :

- ❏ **Face A :** Technologie de l'information, qui comprend la création et l'utilisation de l'information. Elle est riche, lorsque la tâche à exécuter ne demande pas beaucoup de connaissances ou d'habiletés ou, dans le cas où les connaissances à mettre en œuvre sont standardisées et connues de tous. On fait plus appel aux connaissances explicites et moins aux connaissances tacites. Ça ne donne pas un avantage concurrentiel sur les concurrents au marché. Exemple : industrie manufacturée. Ici l'information est *riche* et la connaissance est un peu *pauvre*.

- ❏ **Face B :** Système intelligent, qui comprend la création et l'utilisation de la connaissance. Elle est riche, lorsque la tâche à exécuter demande beaucoup de connaissances ou d'habiletés ou, dans le cas où les connaissances à mettre en œuvre ne sont pas standardisées et non connues de tous. On fait plus appelle aux connaissances tacites et un peu moins aux connaissances explicites. Ces connaissances procurent un avantage concurrentiel sur le marché. Exemple : société des services. . Ici la connaissance est *riche* et l'information *pauvre*.

Le tableau ci-après veut simplement dire que l'information créée procure la connaissance et une connaissance générée après l'action, non utilisée et stockée redevient l'information jusqu'à sa prochaine utilisation. *L'information* et *Connaissance* générée constituent les connaissances clés (*core knowledge*) utilisées suivant sa culture, ses habiletés et capacités personnelles, la structure dans laquelle l'acteur se trouve, les contraintes endogènes et exogènes de la tâches sont aussi incluses. Les auteurs (Blumentritt et Johnston, 1999) préconisent donc une synergie entre l'*information*, la *connaissance* afin de générer les connaissances clés nécessaires à la réalisation d'une tâche.

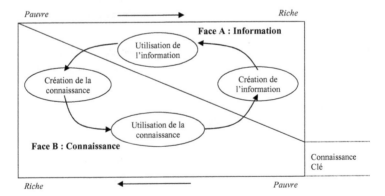

Figure 3 : Knowledge-Information management Model (inspiré de Blumentritt et Johnston, 1999)

Nous pouvons résumer la compréhension des différents modèles proposés par les auteurs ci-dessus dans un modèle interactif décrivant le flux des connaissances constituant le noyau de connaissances nécessaires à la réalisation d'un projet TI en général et de construction d'un entrepôt de données en particulier.

Pour réaliser un projet d'entrepôt de données, les acteurs impliqués ont besoin des connaissances sur (1) les principes, les procédures et les règlements de l'organisation (le savoir pourquoi ou *know-why*), (2) les faits (le savoir quoi ou *know-what*), la sagesse d'agir et de décider (le savoir quand ou *know-when*), la personne qui sait (le savoir qui ou *know-who*).

Toutes ces connaissances militent à la mobilisation, par l'organisation ou par le projet d'ED, des connaissances clés en vue de la réalisation d'une tâche ou de la prise d'une décision. Chaque catégorie de connaissance a une influence sur les autres. Ce qui est aussi inversement possible. Ces relations symétriques entre les principales catégories des connaissances méritent donc d'être établies et approfondies si l'on souhaite une gestion des connaissances complète et intégrée au sein de l'organisation ou au sein d'une entité ou activité quelconque de l'organisation. C'est ce que propose le cadre conceptuel ci-après qui tient compte de toutes ces considérations.

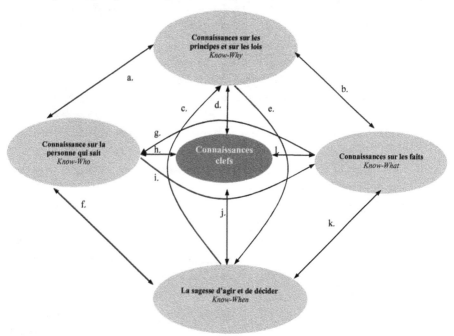

Figure 4 : Modèle intégré de flux de connaissances en Projet TI ou de construction d'entrepôt de données

Ainsi, afin de mieux cerner ce modèle, nous allons définir chaque construit et définir les relations entre les construits.

4.1. Définition des construits

Selon Kerlinger et Lee (2003, pp.40, 629), le construit est un concept, une abstraction ou une propriété tirée de l'observation des scénarios des comportements (réalisation versus non réalisation). Le construit est utilisé dans deux voies :

1. Soit ça **entre dans les plans théoriques** et établit un rapport avec d'autres construits,
2. Soit ça **doit être observable** et mesurable. On mesure un construit à l'aide des variables observables (Kerlinger et Lee, 2003, p.629).

En ce qui concerne notre mémoire, nous allons développer le point 1 en décrivant les différents rapports (relations ou influences) existant entre les construits (voir le point 4.2). Pour l'instant, définissons d'abord, comme le présente si bien la figure 4, les cinq construits, définis par Blumentritt et Johnson (1999), qui constituent l'ossature de notre modèle à savoir :

4.1.1. Les connaissances clefs (ou le *Core Knowledge* à la réalisation d'une tâche)

C'est le *Know-how* (savoir-comment) ou l'habileté, la capacité et la sagesse de prendre en charge (réaliser) avec succès une tâche (ou une décision) donnée. Cette sagesse, selon Spiegler (2000), doit comprendre les dimensions suivantes : la découverte, l'interface, les valeurs, le jugement, l'intuition et l'abstraction. Sur le plan de réalisation des projets TI ou de construction d'ED, c'est ici qu'on identifie, évalue et décrit les besoins en connaissances du projet jusqu'à la plus petite tâche. Lesdits besoins sont identifiés à travers chaque phase du projet d'ED comme présentée à la figure 1 (point 2.2.).

❑ La **découverte** est liée à l'identification des nouvelles possibilités, habiletés, sources ou nouveau potentiel de connaissances qui peuvent compléter les connaissances d'un individu, en plus des connaissances explicites, à la réalisation d'une tâche ou à la prise d'une décision. Il s'agit par exemple de la découverte d'une nouvelle méthode ou formule, d'un nouveau procédé, d'une information ou connaissance qui n'existe pas et qui n'est pas connue par un quelconque acteur mais pouvant marquer la différence dans la réalisation de la tâche ou de la prise de décision.

❑ La dimension de l'**interface** est celle qui permet d'établir de liens entre les connaissances exigibles dans la réalisation d'une tâche et les différentes sources de connaissances (bases de données, bases de connaissances, ontologies, bases documentaires, bases multimédias, le web, etc.). Cette interface peut être gérée par les applications ou toute autre technologie capable de servir d'interface entre l'application qui aide à la gestion des connaissances de la tâche et les sources des connaissances.

❑ La dimension « **valeurs** », regroupe les valeurs culturelles, émotionnelles, morales, religieuses, traditionnelles, etc. qui peuvent influencer un individu à la réalisation de la tâche ou à la prise de décision quelles que soient les connaissances mises à sa disposition.

❑ Le **jugement** désigne les capacités d'application ou d'utilisation rationnelle qu'un individu peut faire des connaissances mises à sa disposition pour la réalisation d'une tâche ou la prise de décision. Cette dimension est très importante lorsque la tâche à réaliser est complexe et que l'orientation à un choix peut entraîner de conséquences importantes pour l'organisation.

❑ L'**intuition** est la dimension qui fait recours aux connaissances implicites (expériences, *feeling*, *background*, etc.) d'un individu pour la réalisation d'une tâche.

❑ L'**abstraction** est la capacité qu'un individu peut avoir à réaliser une série de tâches similaires si soumis dans les mêmes types de connaissances, de contextes et de conditions. Elle est importante lorsque la réalisation d'une tâche est récurrente.

En bref, le *core knowledge* devrait contenir l'ensemble des connaissances explicites et implicites nécessaires à la réalisation d'une tâche.

Il est, dans notre modèle, au centre parce que tous les autres construits contribuent à son enrichissement pour la réalisation d'une tâche donnée. Ces rapports avec d'autres construits sont décrits au point 4.2. suivant. Les tâches à réaliser peuvent être hiérarchisées sous forme d'arbre ou restées indépendantes s'il n'existe pas de relations fonctionnelles (ce qui nous étonnerait).

4.1.2. Construits des connaissances sur les faits (Know-*What* ou le savoir-quoi)

Est un construit qui s'occupe de la formalisation, codification et dissémination des connaissances explicites : données, informations, documents, connaissances (Spiegler, 2000), etc. Il s'agit des connaissances sur les faits et qui peuvent être aisément codifiées.

❑ **Données :** représentation, enregistrement et stockage sur les bases des données,

❑ **Information :** traitement de données pour l'extraction des connaissances : Organisation, Tri, Calcul, récupération et éditions suivant les connaissances spécifiques que l'on veut obtenir

❑ **Connaissance :** traitement de l'information : Reformatage, Quantification, Qualification, Groupage (Clustering), Apprentissage, Dissémination,

Ce construit joue un rôle déterminant parce qu'il regroupe toutes les connaissances explicites dont on peut avoir besoin au niveau d'un projet ou d'une tâche. Ces connaissances sont conservées sur les bases de données, les bases de connaissances, les bases documentaires, les ontologies, les bases multimédias, etc. Elles (les connaissances) doivent être créées au début du projet (à la phase « planification du projet » de la figure 1) et l'on doit s'assurer de son enrichissement tout au long du projet et de son utilisation rationnelle par les membres du projet. Il peut aussi notamment s'agir des connaissances sur les manuels de procédures ou des liens établis aux ateliers du génie logiciel, etc. Kimaball (1998) fournit les patterns, les fiches et la description détaillée des étapes à suivre pour la gestion d'un projet de construction d'ED.

Dans un environnement de gestion des connaissances, on définira les mécanismes d'acquisition, de conservation et de partage des connaissances à travers les patterns, fiches et guides proposés par Kimball.

Ce construit est aussi alimenté et mis à jour par les connaissances provenant des lois, normes ou procédures administratives de l'organisation ou du projet (voir le point 4.1.3. suivant). Les connaissances implicites des individus, acteurs du système d'information qui interagissent avec le projet, viennent aussi contribuer à son enrichissement. C'est-à-dire les connaissances sur les faits seront complétées par les connaissances individuelles ou les connaissances capturées et codifiées, durant le développement du projet, des groupes de travail comme le suggère le modèle de Nonaka (1994). La conservation et l'alimentation progressive de ces connaissances permettra de produire un livre des connaissances du projet qu'on pourra plus tard appeler mémoire de projet (Dieng et al., 2000). Ces rapports avec d'autres construits sont décrits au point 4.2.

4.1.3. Le construit des connaissances sur les principes et sur les lois (*Know-Why* ou le savoir-pourquoi)

Ce construit regroupe les informations sur l'environnement organisationnel de l'entité (du projet, pour notre cas) ou le contexte dan lequel se réalise la gestion des connaissances (Spiegler, 2000) et couvre les dimensions ci-après (pour plus de détails, voir point 4.2., b.) : légales (lois et règles de gestion) - structuro-organisationnelles - culture organisationnelle - mission du projet - infrastructures technologiques et applicatives. C'est ici que le staff et les gestionnaires du projet définissent la mission et les aspects opérationnels du projet. Pour un projet de construction d'ED, c'est à la phase de « planification du projet » qu'intervient la définition du « savoir-quoi ». Ces connaissances sont mises à la disposition des membres du projet afin de les aider à accomplir leur mission dans un cadre légal, tenant compte de la culture et des spécificités de l'organisation ainsi que de l'industrie, tout en définissant la mission du projet en générale et celle de chaque subdivision du projet en particulier.

❑ **La dimension légale,** concerne la codification et la diffusion des informations ou connaissances relatives aux lois, règlements, principes, procédures ou instructions de travail. Elle peut comprendre deux principaux regroupements (1) les lois ou normes internationales ou nationales susceptibles d'influencer ou de contribuer au bon déroulement d'un projet TI (Exemples : la loi Informatique et l'Association Française de normalisation (AFNOR) en France, les règles éthiques, les normes ISO, les réglementations nationales en matière de l'utilisation des TI, etc.) ; (2) quant aux règlements, principes ou règles de gestion, procédures ou instructions de travail, ce sont des informations internes à l'organisation et au projet TI qui servent très souvent de gouverne lors de la gestion et de l'accomplissement des tâches dans un projet.

Leur codification sous forme de bases documentaires, bases de connaissances ou d'ontologie permettra aux membres du projet de s'en référer lors de l'exécution normale de leurs tâches respectives. Cette codification aidera aussi à l'assurance qualité du projet ainsi qu'à l'évaluation des activités du projet. À ces informations, peuvent s'ajouter les informations sur les aspects budgétaires, économiques et financiers du projet.

❑ **La dimension structuro-organisationnelle** donne les informations sur la structure organisationnelle et le contexte dans lequel le projet TI ou de construction d'ED va évoluer. Il s'agit de la structure organisationnelle de l'organisme en général et du projet en particulier. On y trouve les informations sur la description des postes au projet et des responsabilités des membres de la direction et de l'entité maître d'ouvrage du projet intervenant de manière directe et plus ou moins permanente à une ou plus d'une étape du déroulement du projet. En plus, les informations sur le contexte dans lequel le projet va évaluer peuvent aussi être codifiées. On partira donc du contexte global du projet aux contextes spécifiques à chaque niveau hiérarchique du projet.

❑ **La dimension Culture organisationnelle** devra comprendre les informations sur la vision, la politique et les stratégies à court moyens et long termes de l'organisation pour permettre aux membres du projet de travailler dans un esprit de continuité de cette culture. Ce qui facilitera l'alignement de la mission, des objectifs et stratégies du projet TI ou de construction d'ED à ceux de l'organisation (Venkatraman, 1993).

❑ **La dimension Mission du projet** aurait pu se confondre avec la dimension culture organisationnelle mais elle est distincte du fait qu'elle doit décrire de manière spécifique les informations sur la mission, les objectifs et les stratégies spécifiques du projet. Elle Codifie et dissémine ces informations à chaque phase et activité du projet. C'est ici qu'on retrouve les informations ou les connaissances sur la planification stratégique et opérationnelle des activités du projet.

❑ **La dimension Infrastructures organisationnelles** inclue le niveau physique de l'organisation, la structure hiérarchique (centralisée ou décentralisée) et la conception (ou la vision) de la gestion des connaissances au sein de l'organisation. Le niveau physique de l'organisation est sa localisation, sa taille, sa mission, etc. La localisation géographique de l'organisation est très importante pour comprendre comment les employés interagiront. Cette interaction est le moyen privilégié par lequel les connaissances se partagent au sein de l'organisation. Il est important à ce niveau que l'on sache où sont localisés les différents acteurs (y compris les futures utilisateurs) du projet TI ou de construction d'ED afin d'évaluer et d'envisager les possibilités d'interaction et d'échange de connaissances entre employés.

❑ **La dimension Technologique** couvre toutes les informations sur l'infrastructure technologique de l'organisation susceptible de répondre aux exigences d'une bonne gestion des connaissances. Déjà au niveau du projet, on devrait dédier certaines infrastructures matérielles et technologiques au projet de gestion des connaissances. Cette dimension répertorie et établit de liens entre les logiciels (systèmes d'exploitation, systèmes de gestion des bases de données, logiciels de gestion documentaires et de connaissances, atelier de génie logiciel, logiciels de gestion des projets, logiciel de gestion de qualité, moteurs de recherche, etc.) et les applications existants où à acquérir dans le cadre de la gestion des connaissances. Les technologies de l'information (TI) sont parmi les *facilitateurs* (« enablers ») de la gestion des connaissances. Elles aident à produire, manipuler, stocker, communiquer ou disséminer la connaissance. La technologie de l'information inclue la partie matérielle (« hardware ») et la partie logicielle (« software »). Vous référer au point 4.2. b., Technologie pour plus d'information.

4.1.4. Le construit des connaissances sur la personne qui sait (*Know-Who* ou le savoir-qui)

Ce construit regroupe les informations et connaissances sur la personne qui sait quoi et comment faire quoi. C'est ici que l'on décrit le profil de connaissance de chaque membre (acteur) du projet TI ou de construction d'ED. À l'aide des mécanismes appropriés, on s'intéressera à la codification de ses connaissances tacites (expérience) et culturelles sur la réalisation de la tâche. Du moins celles qui peuvent être codifiées. Ce répertoire d'experts aidera à faire de liens avec d'autres construits pour permettre une gestion fluide des connaissances d'une part, et du personnel au sein du projet. Ensuite un lien doit être établi entre les connaissances que requiert la réalisation d'une tâche (connaissances clés) et les connaissances d'un expert (voir le point 4.2.).

4.1.5. Le construit de la sagesse d'agir et de décider *(Know-When* ou le savoir-quand)

Ce construit s'intéresse au mécanisme à mettre en place susceptible d'aider à l'acquisition (codification) des connaissances implicites et au partage desdites connaissances par les quatre construits proposés dans le modèle de Nonaka (1994) à savoir la Socialisation, l'Extériorisation, la Combinaison et l'Internalisation). Ces mécanismes, avec l'aide des connaissances explicites devraient procurer à un employé ou à un décideur les facultés ou la sagesse d'agir et de décider : « quand » et/ou « si ». Il s'agit précisément des applications informatiques ou logiciels spécifiquement aidant à la gestion des flots des connaissances dans un projet TI ou de construction d'ED.

Le tableau 2 suivant fait un condensé des auteurs qui ont développé les idées sur les construits de notre modèles.

No	Construits	Auteurs
1	**Les connaissances clefs** (ou le *Core Knowledge* ou le noyau des connaissances à la réalisation d'une tâche)	Chern A.(1976) Levitt et March (1988), Brown J. and Duguid P. (1991), Huber, G. (1991), Sackmann S.(1992), Nonaka (1994) Conklin J.(1996), Coulson-Thmas C. (1997), Wiig M. (1997), Abecker et Bernardi (1998), Brown and Duguid (1998), Davenport, T.H., De Long, D.W., Beers M.C. (1998), O' Leary, D.E-1.(1998), O'Leary D.-2 (1998), Scott, J.E.(1998), Teece J.(1998), Blumentritt et Johnson (1999), Pan S. and Scarbrough H. (1999), Seufert, Andreas et al (1999), Zack M. (1999), Dieng et al., (2000), Nissen, Kamel et Sengupta (2000), Schmid, Beat et al. (2000), Gold , Malhotra et Segars (2001), Binney, Dereck (2001), Earl M.(2001), Abou-Zeid E.(2002),
2	**Le construit des connaissances sur les faits** (*Know-What* ou le savoir-quoi)	Levitt et March (1988), Brown J. and Duguid P. (1991), Huber, G. (1991), Sackmann S.(1992), Collins H. (1993), Blackler F.(1995), Conklin J.(1996), Grant R. (1996), Coulson-Thmas C. (1997), O' Leary, D.E.(1998), Scott, J.E.(1998), Alavi et Leider (1999), Beijerse (1999), Chandrasekaran, Josephson, et Benjamins (1999), Despres et Chauvel (1999), Zack M. (1999), Spiegler (2000), Dieng et al. (2000), Alavi et Leider (2001), Gold , Malhotra et Segars (2001),

3	Le construit des connaissances sur les lois et sur les principes (*Know-Why* ou le savoir-pourquoi)	Huber, G. (1991), Venkatraman (1993), Coulson-Thmas C. (1997), Wiig M. (1997), Fahey L. et Prusak L. (1998), Leonard D. et Sensiper S. (1998), Ruggles R.(1998), Teece J.(1998), Blumentritt et Johnson (1999), Pan S. and Scarbrough H. (1999), Seufert, Andreas et al (1999), Martensson M.(2000), Abou-Zeid E.(2002),
4	Le construit des connaissances sur la personne qui sait (*Know-Who* ou le savoir-qui)	Levitt et March (1988), Brown J. and Duguid P. (1991), Huber, G. (1991), Conklin J.(1996), Wiig M. (1997), Fahey L. et Prusak L. (1998), Leonard D. et Sensiper S. (1998), Blumentritt et Johnson (1999), Cook S. and Brown J. (1999), Seufert, Andreas et al (1999), McDermott R. and O'Dell C. (2001),
5	Le construit de la sagesse d'agir et de décider (*Know-When* ou le savoir-quand)	Levitt et March (1988), Brown J. and Duguid P. (1991), Huber, G. (1991), Nonaka (1994), Conklin J.(1996), Coulson-Thmas C. (1997), Wiig M. (1997), Fahey L. et Prusak L. (1998), Leonard D. et Sensiper S. (1998), Blumentritt et Johnson (1999), Cook S. and Brown J. (1999), Seufert, Andreas et al (1999), McDermott R. and O'Dell C. (2001),

Tableau 2 : Évolution, dans le temps, des construits développés

Ce tableau montre à suffisance combien les construits retenus dans le modèle ont été abordé dans la littérature. Cependant, le mérite de ce modèle est de les identifier comme tels et de les rassembler dans un seul model, car comme nous l'avons présenté plus haut, la littérature est unanime de l'absence d'un modèle de gestion des connaissances capable de contenir les principaux concepts en gestion des connaissances.

Le travail à abattre est encore long parce qu'il faut que chaque construit avec ses dimensions respectives soit parfait par les études empiriques plus poussées. En attendant, essayons d'établir des relations possibles entre les construits du modèle dans le cadre d'un projet TI ou de construction d'entrepôt de données.

4.2. Définition des relations (ou influences) entre les construits du modèle

À la lecture du modèle (figure 4), nous constatons qu'il y a deux types de relation : unidirectionnelle et bidirectionnelle. Une relation unidirectionnelle désigne l'influence que peut exercer une variable (construit) sur une autre à un sens unique indiqué par la flèche. Une relation bidirectionnelle, quant à elle, désigne l'influence qu'exerce une variable sur une autre et vice versa comme l'indiquent les flèches à deux sens. Pour mieux cerner les différentes relations entre variables, nous ferons recours à quelques modèles théoriques existants tout en les adaptant au contexte d'un projet de construction d'entrepôt de données.

a. **Know-Who** et **Know-Why** : cette relation aide d'abord à identifier les acteurs du projet à tous les niveaux hiérarchiques du projet en créant un répertoire avec de profils spécifiques. Elle définit le contrat qui liera chaque acteur à l'organisation (à un niveau hiérarchique donné du projet) dans l'accomplissement des tâches qui lui sont attribuées au sein du projet. Elle permettra d'une part à l'acteur à qui l'on confie la tâche de bien cerner les aspects légaux (contrats, législation et textes réglementaires, etc.) et fonctionnel (obligation de cultiver, acquérir et partager les connaissances implicites avec la hiérarchie et les collègues partageant les mêmes préoccupations professionnelles). D'autre part, cette relation permet à la hiérarchie de déléguer certaines responsabilités à un collaborateur ou à un partenaire (dans le cas d'une sous-traitance) et de s'assurer du respect des textes dans l'accomplissement de la tâche à travers les mécanismes de coordination et d'incitation à mettre en place. Cette relation est concrétisé lors du recrutement de l'employé (ou du partenaire) et aux premières réunions de démarrage du projet ou de chacune de ses phases. C'est ici que les gestionnaires du projet et du domaine d'affaires concerné par le projet définissent et alignent les stratégies et objectifs d'affaires avec les stratégies de gestion des connaissances comme décrit la figure 5. Aussi, la relation se repose sur la synergie Culture – Infrastructure – Technologies comme le décrit au tableau 3.

Le modèle stratégique de Henderson et Venkatraman (1993) présente les éléments de l'alignement stratégique des technologies de l'information à la stratégie d'affaire. Ce modèle considère quatre éléments à savoir (1) la stratégie d'affaires, (2) la stratégie TI, (3) l'infrastructure organisationnelle et les processus et (4) l'infrastructure technologique et les processus. Les éléments (1) et (2) sont des domaines externes et les variables (3) et (4) sont des domaines internes. L'interaction des éléments (1) et (3) forment un fit stratégique et les éléments (3) et (4) devraient former une intégration fonctionnelle. La synergie des quatre éléments constitue un gage de réussite du projet TI ou de construction d'ED.

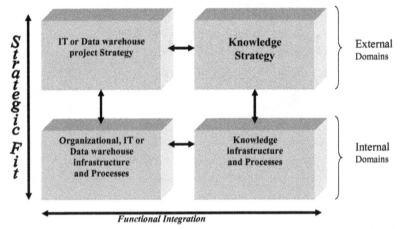

Figure 5 : Modèle Stratégique de gestion de connaissances en entrepôt de données (inspiré de Henderson et Venkatraman (1993))

En nous inspirant de ce modèle, nous permettrons à la gestion des connaissances de s'aligner avec les objectifs stratégiques du projet de construction d'entrepôt de données. L'élément (1) sera la stratégie d'affaire du projet de construction d'entrepôt de données, l'élément (2) représentera la stratégie de la gestion des connaissances du projet, l'élément (3) représentera l'infrastructure organisationnelle ou celle du *Datawarehouse et* les processus y relatifs, et enfin, l'élément (4) représentera l'infrastructure et les processus de la gestion des connaissances en nous inspirant du modèle proposé.

En plus de l'alignement des stratégies et des objectifs d'affaires avec ceux de la gestion des connaissances, nous avons besoin de savoir comment un projet de construction d'entrepôt de données s'organise comme une communauté d'acquisition et de partage des connaissances dans un concept d'organisation apprenante comme le suggère Morabito, Joseph et al.(1999) à la figure 6 suivante.

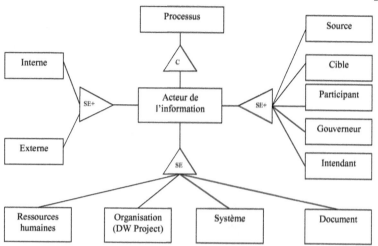

Figure 6 : Une plate forme pour établir un contexte de connaissances (Morabito J. & al., 1999) (¹)

(¹) **Source :** *une source de transfert d'information (bases de données, Entrepôt de données, autres sources de connaissances et documentaires). -* **Cible :** *une cible de transfert de l'information (projet ou dossier). -* **Participant :** *qui fournit le transfert de l'information (toute personne détentrice de l'information de projet et de dossier majeur). -* **Gouverneur :** *donne l'autorisation pour le transfert de l'information (chef de service, coordonateur, directeur, etc.). -* **Intendant :** *propriétaire de l'information. -* **Interne :** *un acteur interne du projet. -* **Externe :** *un acteur externe du projet (autres sources d'information).*

Pour mieux cerner le contexte de notre étude, et rendre applicable cette vision, on a besoin d'une organisation apprenante avec l'interaction des trois composants : les personnes et la création de connaissances – contexte organisationnel (ici le contexte du projet de construction d'ED) – valeur mutuelle. (Morabito, Joseph et al., 1999)

La mise en place d'un processus d'acquisition et de partage des connaissances par le biais du Web requiert une synergie sur la stratégie d'affaires du projet, les applications d'aide à la réalisation du projet et l'implantation technologique. La direction du projet TI ou de construction d'ED devra jouer un rôle centralisateur afin de dynamiser la synergie entre le système décisionnel et le système opérant en favorisant la formalisation des connaissances explicites, la codification des connaissances tacites dans le but d'assurer leur partage à tous les niveaux du projet. La maîtrise des besoins du propriétaire du projet (entité ou domaine concerné par le projet TI ou d'entrepôt de données) comme clientèle et des informations sur les différents partenaires externes au projet, à incorporer dans le système de gestion des connaissances du projet, sera un facteur de succès déterminant.

Cette synergie à la fois complexe et multidisciplinaire est envisageable comme présentée à la *figure 6* qui montre comment nous pouvons mettre en place un processus d'acquisition et de partage de connaissances susceptible de supporter le système de gestion des connaissances au sein d'un projet TI ou de construction d'ED.

b. **Know-Why** et **Know-What** (Connaissances explicites : données, informations ; vice versa)

Cette relation aide à définir et à formaliser la donnée, l'information ou la connaissance existante en apportant une valeur ajoutée dans la réalisation de la tâche. Il peut s'agir des documents papiers ou électroniques, des données opérationnelles (bases de données), des données historiques (entrepôts de données), des manuels de références, des patterns, des modèles, des normes (ISO 9000 par exemple), des expériences antérieures (bases des connaissances), lexiques, dictionnaires, taxonomie ou ontologies des domaines concernés par le projet, des applications (logiciels et facilitateurs de gestion de projet, de développement d'applications, de conception des bases de données, d'analyse, d'assurance qualité, etc), des infrastructures et les technologies (matériels et composants, Intranet, Extranet, Internet, Web, etc.), etc. C'est d'ailleurs ce que décrivent la figure 7 et le tableau 3.

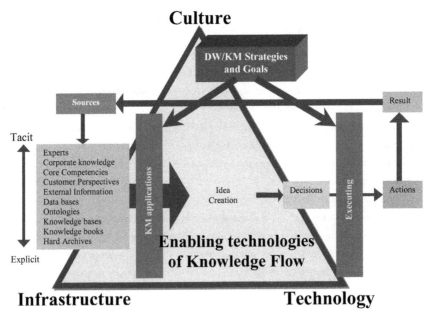

Figure 7 : Le flot des connaissances et les supports nécessaires dans un projet TI (inspiré de Armbrecht et al, 2001)

Culture

La culture organisationnelle a un impact majeur sur les efforts à consentir pour les projets de gestion des connaissances, car la culture influence les normes de comportement quotidien des employées autant qu'elle guide les relations interpersonnelles. Ces normes déterminent quel comportement est approuvé ou désapprouvé au sein de l'organisation. Cette culture reçoit l'impulsion et le support de la haute direction avec la définition des actions concrètes, des processus d'affaires, des priorités, des mécanismes de motivation du personnel et des mesures de performance (Armbrecht, F.M. Ross et al., 2001).

Dans le cadre d'un projet TI ou de construction d'entrepôt de données, la haute direction, les gestionnaires et tous les acteurs du projet doivent

(1) comprendre la culture de l'organisation et la prolonger au niveau du projet, ensuite, comprendre les enjeux et ce qu'est la gestion des connaissances d'un projet TI dans le contexte d'un projet de construction d'entrepôt de données; ici la haute direction devrait avoir une vision claire de la gestion des connaissances au niveau de l'organisation et dont les gestionnaires et acteurs du projet sont appelés à traduire en terme d'actions concrètes,

(2) donner le soutien nécessaire à la gestion des connaissances dans un tel projet peut être avec de projets pilotes pour bien cerner les besoins,

(3) les récompenses aux employés motivent leur comportement. Ici les règles ou les mesures claires doivent être énoncées afin de récompenser les bons comportements et de sanctionner les mauvais en ce qui concerne l'acquisition et le partage des connaissances au cours du projet,

(4) enfin, mettre en place les mécanismes de transfert de connaissances avec deux principales voies : - capturer les connaissances individuelles et les codifier par le biais des technologies et supports appropriés afin de permettre aux autres personnes d'en lire : exemple, l'exécution des tâches se fera par le biais des fiches électroniques et autres dispositions technologiques, - utiliser les moyens technologiques disponibles pour favoriser les discussions entre les acteurs intéressés à un sujet spécifique.

C'est au cours de cette étape qu'on aligne la stratégie et les objectifs d'affaires avec la stratégie et les objectifs de gestion des connaissances en tenant compte de la spécificité du projet de construction d'entrepôt de données.

La culture est un aspect déterminant la réussite ou l'échec de l'introduction de la gestion des connaissances au sein des organisations qui doivent :

(1) reconnaître la propriété de la connaissance au niveau individuel et organisationnel,

(2) reconnaître l'importance du partage et de la réutilisation des connaissances,

(3) récompenser les individus et les équipes qui assure la promotion de la gestion des connaissances dont notamment,

- Capture des discussions et décisions des équipes,
- Mentoring,
- Documentation des leçons apprises (lessons learned),
- Transformation des connaissances implicites en connaissances explicites (making tacit knowledge explicit).

(4) Encourager le Leadership et le Management qui encourage la gestion des connaissances afin :
- d'augmenter la valeur,
- d'avoir une vision nette de l'organisation,
- d'aligner les objectifs d'affaires avec ceux de la gestion des connaissances,
- de définir une nouvelle voie du travail de gestionnaire,
- d'encourager la diversité – reconnaître le changement à la composition des forces de travail et de la diversité de valeurs,
- Etc.

(5) Organiser les équipes de travail :
- Établir le pont à travers les organisations sœurs,
- Définir la nature et la structure de l'organisation pour un partage horizontal et/ou vertical des informations et des connaissances. Horizontal lorsqu'on permet aux individus de même niveau hiérarchique de partager les connaissances/information entre eux. Et vertical lorsqu'on met en place les mécanismes de partage de connaissances/information avec la hiérarchie (principal) ou le collaborateur (agent),
- Développer une approche de créativité et de haute productivité par une bonne gestion des connaissances,
- Aider à la construction de la confiance avec la gestion des connaissances,
- Encourager la prise de responsabilité et d'engagement envers les objectifs de l'organisation en matière de gestion des connaissances.

(6) Encourager l'assistance (mentoring) et l'apprentissage par la gestion des connaissances :
- En mettant en place une assistance formel ou informel : individu à individu ou créer une équipe de conseillers virtuels *joingnables* par le web,
- Encourager une formation basée sur la performance : concevoir un modèle de formation basé sur les habilités et le regroupement des connaissances nécessaires à l'accomplissement des tâches,
- Encadrer les résistances aux changements en ce qui concerne les besoins d'acquisition et de partage de connaissances dans un contexte des équipes mobiles.

(7) Encadrer la performance et la responsabilité individuelle sur l'acquisition et le partage des connaissances pour transformer la culture organisationnelle:

- Identifier et faire comprendre les besoins de performance de l'organisation par rapport à la nécessité de la gestion des connaissances lors de l'accomplissement de la tâche,
- Transformer le transfert des connaissances en performance organisationnelle,
- Acquérir les connaissances pour réaliser la mission de l'organisation,
- Aider l'individu à transformer les leçons apprises en nouvelles pratiques d'affaires,
- Lier les connaissances partagées à la performance de l'organisation,
- Standardiser l'acquisition et le partage des connaissances à tous les niveaux de l'organisation en commençant par l'individu.

Infrastructure

L'infrastructure inclut le niveau physique de l'organisation, la structure hiérarchique et la conception (ou la vision) du programme de gestion des connaissances.

(1) Le niveau physique de l'organisation est sa localisation, sa taille, sa mission, etc. La localisation géographique de l'organisation est très importante pour comprendre comment les employés interagissent. Cette interaction est le moyen privilégié par lequel les connaissances se partagent au sein de l'organisation. Il est important à ce niveau que l'on sache où sont localisés les différents acteurs (y compris les futures utilisateurs des entrepôts de données à mettre en place) du projet de construction d'entrepôts de données afin d'évaluer et d'envisager les possibilités d'interaction et d'échange de connaissances entre employés. On évaluera et proposera l'infrastructure technologique de l'organisation pour qu'elle réponde aux exigences d'une bonne gestion des connaissances. Déjà au niveau du projet, on devrait dédier certaines infrastructures matérielles et technologiques au projet de gestion des connaissances pour la construction des entrepôts de données.

(2) L'organisation hiérarchique de l'organisation influencera aussi la façon dont les connaissances seront partagées au sein du projet et du reste de l'organisation. D'où la nécessité d'en étudier et de proposer les améliorations nécessaires si l'organisation hiérarchique existante constituerait une barrière à l'acquisition et au partage des connaissances. C'est ici qu'on élaborera l'organisation hiérarchique du projet en favorisant la création des groupes de travail ou de discussion par lesquels les connaissances seront capturées, partagées et conservées. On dotera chaque groupe de travail des infrastructures matérielles et technologiques nécessaires afin de s'assurer d'une bonne gestion des connaissances à chaque niveau du projet.

(3) La finalité d'une bonne infrastructure matérielle et technologique est d'aider à une bonne gestion des connaissances. L'organisation a donc besoin de définir un programme clair de gestion des connaissances dans son ensemble et au niveau des projets TI étant donné l'importance des investissements consentis. Ce programme énonce les objectifs à court, moyen et long termes en matière de gestion des connaissances. De la même façon que l'assurance qualité qui commence au démarrage du projet, l'organisation devrait imposer la gestion des connaissances dès le démarrage du projet pour s'assurer de conserver la mémoire du projet à son terme.

Technologie

Il sera ici question de déterminer le rôle que devront jouer les TI et leurs outils dans les différents processus de gestion des connaissances.

(1) Le rôle des TI en gestion des connaissances se définit lorsque celles-ci jouent un rôle spécifique ou varié dans la gestion des connaissances. Son rôle essentiel est d'accompagner et d'assister à la capture et au partage des connaissances quelque soit la localisation géographique. La technologie peut également aider par la gestion des connaissances à véhiculer la culture (vision) de l'organisation. En ce qui concerne un projet d'entrepôt de données, on devrait choisir les technologies appropriées pour assurer une bonne gestion des connaissances au sein du projet.

(2) Les outils TI quant à eux aident à stocker, mettre à jour, accéder et manipuler les informations et les connaissances. À cette étape, on devrait choisir les outils TI nécessaires à la bonne gestion des connaissances et de l'information comme par exemple (1) le type de réseaux et la plate forme des ordinateurs; (2) les ordinateurs et autres matériels connexes, les matériels nécessaires à la numérisation, stockage et manipulation des documents, images et son; (3) types des bases de données; (4) les langages de programmations, outils de développement des logiciels et logiciels dédiés, applications spécifiques; (5) les technologies Web, Intranet ou Extranet; etc.

Transactional	Analytical	Asset Management	Process	Developmental	Innovation and Creation
Knowledge Management Applications					
❏ *Case Based Reasoning (CBR)* ❏ *Help Desk Applications* ❏ *Customer Service Applications* ❏ *Order Entry Applications* ❏ *Service Agent Support Applications*	❏ Data Warehousing ❏ Data Mining ❏ Business Intelligence ❏ Management Information Systems ❏ Decision Support systems ❏ Customer Relationship Management (CRM) ❏ Competitive Intelligence	❏ *Intellectual Property* ❏ *Document Management* ❏ *Knowledge Valuation* ❏ *Knowledge Repositories* ❏ *Content Management*	❏ *TQM* ❏ *Benchmarking* ❏ *Best practices* ❏ *Quality Management* ❏ *Business Process (Re)Engineering* ❏ *Process Automation* ❏ *Lessons Learned* ❏ *Methodology*	❏ *Skills Development* ❏ *Staff competencies* ❏ *Learning* ❏ *Teaching* ❏ *Training*	❏ *Communities* ❏ *Collaboration* ❏ *Discussion Forums* ❏ *Networking* ❏ *Virtual Teams* ❏ *Research and Development* ❏ *Multi-disciplined Teams*
Enabling Technologies					
❏ *Expert Systems* ❏ *Cognitiive Technologies* ❏ *Semantic Networks* ❏ *Rules-based Expert Systems* ❏ *Probability Networks* ❏ *Rule Induction, Decision Trees* ❏ Geospacial Information Systems	❏ Intelligent Agents ❏ Web Crawlers ❏ Relational and Object DBMS ❏ Neural Computing ❏ Push Technologies ❏ Data Analysis and Reporting Tools	❏ *Document Management Tools* ❏ *Search Engines* ❏ *Knowledge Maps* ❏ *Library Systems*	❏ *Workflow Management* ❏ *Process Modling Tools*	❏ *Computer-based Training* ❏ *Online Training*	❏ *Groupware* ❏ *E-Mail* ❏ *Chat Rooms* ❏ *Video Conferencing* ❏ *Search Engines* ❏ *Voice Mail* ❏ *Bulletin Boards* ❏ *Push Technologies* ❏ *Simulation Technologies*
* Portals, Internet, Intranets, Extranets					

Tableau 3: KM applications and enabling techologies mapped to the elements of the KM spectrum (Binney, Dereck, 2001)

Les applications technologies en *italique gras* sont celles qui peuvent être utilisées dans un projet de construction d'entrepôt de données. Bien sûr, cette liste n'est pas exhaustive comme nous l'avons souligné plus haut, car on peut aussi développer certaines applications sur mesure afin de répondre aux besoins spécifiques de gestion des connaissances dans ce contexte.

36

c. **Know-When** et **Know-Why**

L'environnement organisationnel définit clairement les conditions de création des connaissances au sein de l'organisation en général et plus particulièrement au sein du projet TI ou de construction d'entrepôt de données. La création des connaissances au sein du projet passe par la socialisation (individu à individu), extériorisation (individus au groupe, ici équipes de travail), la combinaison (groupes à l'organisation, ici équipes de travail au projet) et l'intériorisation (ou l'apprentissage durant lequel l'individu s'approprie les connaissances organisationnelles, ici du projet) comme le suggère Nonaka (1994) dans la figure 8.

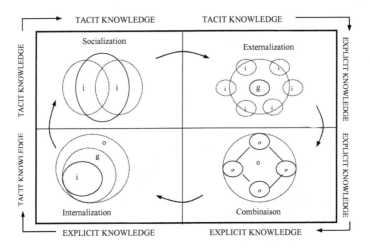

i : individu, **g** : groupe, **o** : organization

Figure 8 : Modèle de partage prescriptif (inspiré de Nonaka, 1994)

Dans le cadre de notre projet de recherche, l'individu représente le rôle que joue un acteur dans le projet ou au sein de l'équipe de travail. *La socialisation* représente ici les différents échanges d'informations, de données ou de connaissances entre les individus partageant les mêmes objectifs professionnels dans l'accomplissement de leurs tâches. Outre les collègues de services de niveau horizontal, il se peut aussi que l'individu ait à socialiser avec un responsable hiérarchique ou un collaborateur sous sa responsabilité. Les mécanismes précis de socialisation des connaissances comme le WorkFlow, WorkGroup, les GDSS (Group decision support system), etc. sont mis en place pour arriver à cette fin. Il s'agit du passage des connaissances tacites à tacites.

L'extériorisation indique l'obligation de l'individu d'extérioriser les connaissances qu'il détient dans l'accomplissement de la tâche ou de la mission. Les mécanismes précis d'extériorisation des connaissances comme le WorkFlow, WorkGroup, les GDSS (Group decision support system), etc. sont mis en place pour arriver à cette fin. Ici les connaissances individuelles sont mises à la disposition du groupe. Il s'agit du passage des connaissances tacites à explicites.

La combinaison quant à elle, se charge de sauvegarder les connaissances des différents groupes (équipe/sous équipe de travail) en faveur du projet par les mécanismes et systèmes connus tels que les ontologies, les bases de connaissances, les livres de connaissances, les entrepôts de données, les bases de données documentaires, etc. Il s'agit du passage des connaissances explicites aux connaissances explicites.

Enfin, vient la phase d'internalisation qui est celle où l'individu s'approprie les connaissances de l'organisation par le biais du processus d'apprentissage. Cet apprentissage peut se faire en groupe ou individuellement par le biais des technologies constituant l'environnement technologique mis en place. Ce qui est intéressant ici est que chaque acteur passe par le même cycle d'acquisition et de partage de connaissances. Ce qui résoudrait le problème de perte de connaissances précieuses générées au cours du projet.

d. **Know-Why** et **Core Knowledge**

C'est cette relation qui influence les stratégies et objectifs d'affaires aux stratégies d'acquisition et de partage des connaissances clés (core knowledge) du projet et qui sont régulièrement actualisées et classées suivant l'évolution du projet. Ici, les stratégies d'acquisition des connaissances sont alignées aux stratégies du projet d'entrepôt de données comme le montre la figure 9 ci-après :

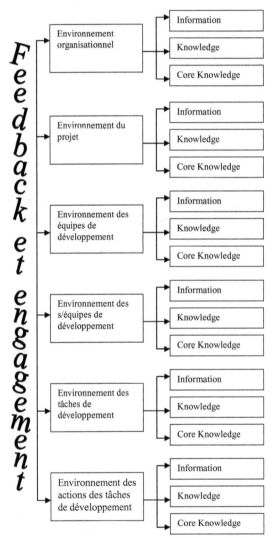

Figure 9 : Le Modèle hiérarchique prescriptif Know-why et le core Knowledge

Ce modèle décrit l'environnement de l'acquisition et de partage des connaissances aux niveaux de l'organisation, du projet d'entrepôt de données, des équipes et sous équipes de travail, de la tâche et de chaque action à réaliser dans le développement normal d'un projet. Le modèle nous montre qu'à chaque niveau, on a besoin des informations et des connaissances pour constituer le noyau de connaissances dont chaque acteur a besoin pour agir. Tout ceci se fera dans un environnement d'apprentissage comme le démontre la figure 8.

Un feefback sur le partage des différentes connaissances à différents niveaux du processus est garanti pour s'assurer de la capitalisation des connaissances produites au cours du projet.

e. **Know-Why** et **Know-When**

Le projet de gestion des connaissances dans un projet de construction d'entrepôt de données devrait être initié au niveau de l'organisation dont les activités sont pilotées par l'équipe du projet à l'intérieur de laquelle une équipe de gestion des connaissances est mise en place.

Lors du démarrage du projet de construction d'entrepôt de données, l'équipe de projet devrait arrêter une stratégie d'acquisition et de partage des connaissances en mettant en place une architecture conséquente. Cette architecture tiendra compte (1) de la navigation des connaissances à travers le projet (qui comprend la capture et la distribution des connaissances), (2) de la mise en place d'un système d'information aidant à tirer les leçons sur les faits produits au cours du projet (comprend le développement, organisation et l'utilisation des connaissances en recourant aux ressources nécessaires) et (3) de la mise en place d'un service offrant la possibilités aux différents (experts) de produire les connaissances lors de la réalisation de leurs tâches comme illustré à la figure 10 ci-après :

- Knowledge Navigation
- Lessons Learned Information System
- Experts Directory Service

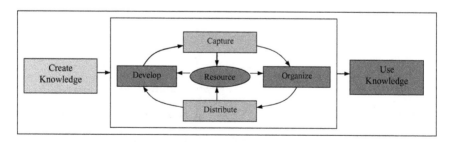

Figure 10: Creating an architecture for the Data Warehouse Project (inspiré de Holm, Jeanne, 2000)

f. **Know-Who** et **Know-When**

La navigation des connaissances à travers le projet :

❑ procure, sur demande, les ressources nécessaires à chaque acteur du projet

❑ Facilite l'échange des connaissances des communautés (sous équipes) et membres du projet

❑ Consolide la publication courante et multiple des prises de rendez-vous pour les rencontres des équipes du projet

❑ Accroît la capacité de partage des connaissances à travers le projet et les différents groupes de travail (sous équipes de projet)

❑ Stimule le développement des standards interopérables, des architectures et des processus de transfert des connaissances entre les membres de l'équipe (groupe de travail), entre les groupes et entre les groupes du projet et l'organisation via le projet.

Dans le cadre d'un projet d'entrepôt de données, on s'intéressera à définir comment la gestion des connaissances devra être organisée pour que la connaissance soit capturer là où elle naît et qu'elle soit acheminée, à l'aide des mécanismes clairement définis, auprès de la personne qui en a réellement besoins dans l'accomplissement de sa tâche. Par exemple, certaines connaissances créées au niveau du chef sont capturées et acheminées auprès des membres du projet via les moyens de stockage et les applications spécifiques. Il en est de même des connaissances créées au niveau d'un programmeur et qui peuvent intéresser certains autres membres du projet dans le cadre de la réalisation de leur travail. Il y a lieu donc, pour chaque projet d'entrepôt de données, d'identifier les acteurs (humains et non humains) générateurs et bénéficiaires des connaissances à créer ou créées d'une part et de mettre en place les mécanismes ou technologies nécessaires à l'acquisition et au partage desdites connaissances d'autre part.

g. **Know-What** et **Know-Who**

Il s'agit des connaissances de base dont chaque acteur a besoin pour bien exécuter sa tâche au quotidien. Ces connaissances peuvent être les règles de gestion ou les procédures, les données opérationnelles ou historiques, ou encore les liens aux autres sources d'information ou de connaissance. La disponibilité ou le manque de connaissances peut influencer la réalisation de la tâche par un acteur.

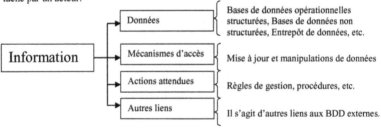

Figure 11 : Modèle hiérarchique prescriptif : description de la branche Information

h. **Know-Who** et **Core Knowledge**

Selon la spécificité de chaque tâche, sa réalisation est faite par un acteur ou un groupe d'acteurs. Chaque tâche requière donc des connaissances nécessaires à sa réalisation que l'on doit trouver ou créer auprès des personnes appelées à l'exécuter. D'où la nécessité de mettre en place un service de répertoire d'experts potentiels internes et/ou externes pour chaque tâche spécifique du projet afin de (d') :

□ Trouver rapidement la spécialité ou la spécificité des connaissances de chaque membre du projet,

□ Procurer un service pour l'identification et éventuellement le recrutement des experts, à l'interne ou à l'externe, pour la réalisation d'une tâche particulière,

□ Aider les nouveaux membres du projet à découvrir les autres membres dont l'expertise intéresse.

□ Faciliter la collaboration entre les membres et les équipes (groupes) du projet d'ED.

i. **Know-Who** et **Know-What**

La relation entre l'acteur et les connaissances explicites, données ou informations est celle d'un système de gestion des connaissances basée sur les leçons apprises comme d'ailleurs l'illustre la figure 12. Cette relation :

□ Crée et assure la maintenance des ressources des connaissances pour faciliter la conservation, l'accès et l'incorporation des expériences acquises tout au long du projet,

□ Améliore les chances de réussite de projet TI par la construction des mécanismes d'apprentissage des leçons tirées par les autres membres ou phases du projet,

□ Minimise les risques d'échec par une meilleure intégration des connaissances et des informations du projet,

□ Améliore les facilités et la qualité de la capture des connaissances et étend les types des connaissances à capturer comme par exemple la voie, la vidéo, les photographies, Expériences, Façons de faire, Discussions, Journal des activités, etc.

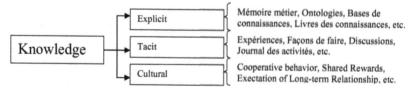

Figure 12 : Modèle hiérarchique prescriptif : description de la branche Connaissances

j.   **Know-When** et **Core Knowledge**

Il s'agit de la mise en place des mécanismes nécessaires à la création des connaissances en vue de l'accomplissement d'une tâche quelconque dans le projet. Il sera question ici de savoir à quel point l'identification ou la non identification des connaissances nécessaires à la réalisation d'un tâche pourrait influencer (ou améliorer) l'exécution d'une tâche comme attendu. Les mécanismes ou les technologies à mettre en place, comme illustrés à figure 13, devront aider à l'identification de l'acteur, à la description des comportements attendus de lui, à répertorier ses actes posés lors de la réalisation de la tâche et à la connaissance de la structure organisationnelle du projet (centralisée ou décentralisée).

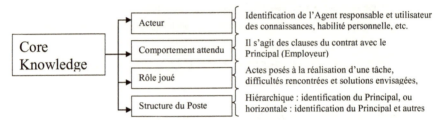

Figure 13 : Modèle hiérarchique prescriptif : description de la branche Noyau de Connaissances

k.   **Know-When** et **Know-What**

C'est la relation entre les mécanismes d'acquisition et de partage des connaissances d'une part et le rôle des connaissances explicites dans la production des connaissances implicites d'autre part. La préoccupation serait de chercher à savoir quel serait le rôle que joueraient les connaissances existantes dans le mécanisme d'acquisition et de partage des connaissances (Socialisation, Extériorisation, Combinaison et Internalisation) ?

Pour être plus concret, nous avons pensé à une architecture de gestion des connaissances à mettre en place dans un projet TI ou de construction d'entrepôt de données devant viser l'acquisition et le partage des connaissances implicites avec l'appui des connaissances explicites existantes et des technologies de communications d'autres. En effet, au démarrage du projet d'ED, il existe notamment des documents, les manuels, les instructions de travail constituant les connaissances explicites. Ces connaissances peuvent être organisées afin de servir de base pour la création des connaissances implicite. C'est-à-dire que ces connaissances servirons de base à l'inspiration des membres du projet en vue de générer de nouvelles idées ou de stimuler leur intuition. Nous pensons aussi que pour faciliter la socialisation et l'extériorisation homogènes, les membres d'un projet de construction d'entrepôt de données devraient se constituer en petites communautés virtuelles homogènes ayant les mêmes objectifs et préoccupations professionnelles dans l'accomplissement de leurs taches respectives.

Les petites communautés virtuelles seront à leur tour connectées à la communauté virtuelle du projet laquelle à son tour sera connectée aux autres communautés virtuelles de l'organisation. Ces communautés sont virtuelles parce que les membres ne travailleront pas nécessairement dans les mêmes environnements géographiques et feront donc recours à l'Internet, l'Intranet, l'Extranet ou au Web et les technologies associées pour échanger les connaissances.

La figure 14 illustre les différentes couches de l'architecture de la communauté virtuelle des membres du projet de construction d'entrepôt de données et ceux de l'organisation dont le projet intéresse dans leur travail.

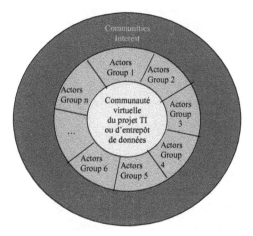

Figure 14 : La communauté virtuelle du Projet de construction d'entrepôt de données (inspiré de Hanley, Susane, 2000)

Les communautés virtuelles du projet TI ou de construction d'entrepôt de données sont constituées des praticiens expérimentés et demandent la contribution de chacun pour l'acquisition et le partage des connaissances au sein du projet.

Les groupes d'acteurs ("Actors Groups") sont des communautés de travail spécialisées à un domaine ou une expertise du projet. Ils sont souvent spécialistes d'une discipline ou d'un groupe de sujets particuliers. Les contributions sont encouragées et non exigées car la plupart de l'expertise est produite par les experts de la communauté des pratiques. Il s'agit ici des membres du projet dont l'accomplissement des tâches ne requiert pas des compétences particulières.

Les communautés d'intérêts (« Communities Interest ») sont les utilisateurs du système dont on ne demande pas une contribution intellectuelle à la réalisation du projet mais qui ont besoin d'apprendre les fonctionnements des différents livrables du projet pour la réalisation de leurs tâches quotidiennes. Aucune contribution ou expérience particulière ne leur est demandés.

Les acteurs ou les membres entretiennent une relation sociale entre eux à travers ce cadre conceptuel. Les relations entre acteurs du projet sont catégorisées par le flot de connaissances et des informations dont ils sont appelés à partager. La forme et l'intensité de ces relations forment une structure en réseau que nous pouvons appeler « communauté des pratiques »

Les relations entre les membres de ce réseau peuvent être comprises comme venant de leur autonomie et interdépendance, la coexistence de la coopération et de la compétition pour la réciprocité et la stabilité. (Seufert, Andreas et al, 1999)

1. **Know-What** et **Core Knowledge**

Il s'agit ici d'établir une relation directe entre les connaissances explicites disponibles dont disposeraient le projet et les connaissances nécessaires à la réalisation d'une tâche quelconque. Ces relations aideront à l'acteur appelé à exécuter la tâche d'avoir toutes les connaissances explicites nécessaires dont il a besoin pour réaliser sa tâche. Il peut s'agir des directives de travail, des manuels de procédures ou de références, des bases des connaissances, des livres de connaissances, des patterns, des technologies d'assistances à réalisation de la tâche, des exemples ou cas similaires, etc.

La préoccupation scientifique serait de savoir à quel point l'établissement des liens entre les connaissances explicites et le noyau des connaissances nécessaires contribuent-ils ou pas au succès de la réalisation d'une tâche?

Pour arriver justement à établir de tels liens pour un projet de construction d'entrepôt de données, on aura besoin d'un cadre conceptuel technologique qui tienne compte (1) des conditions de facilitation (*Facilitating Conditions)*, (2) du processus de connaissances au travail (*Knowledge Work Processes*) et (3) d'une architecture des connaissances en réseau (*Knowledge Network Architecture*). Aussi, les applications qui facilitent l'exploitation des connaissances comme illustrés au tableau 3 et à la figure 15 peuvent aider à établir ces liens.

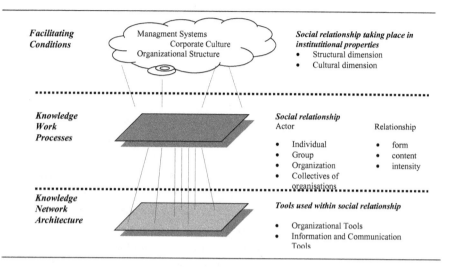

Figure 15 : Perspective d'une plate forme (inspiré de Seufert, Andreas et al, 1999)

CHAPITRE V

DISCUSSIONS SUR LE MODÈLE

Notre étude étant une étude exploratoire, cette étape a consisté à valider, à l'aide d'un questionnaire qualitatif, auprès des chercheurs et professeur d'université en gestion des connaissances, le cadre conceptuel proposé. Nous l'avons soumis à deux personnes (l'un chercheur et consultant et l'autre chercheur et professeur en gestion des connaissances, voir annexe 2). Tous les deux ont chacun un diplôme de doctorat (Ph.D.) et évoluent dans le domaine de gestion des connaissances depuis quelques années. Comme souligné dans la méthodologie, nous avons envisagé, après retour du questionnaire envoyé aux chercheurs, les entrevues pour discuter des réponses aux questionnaires retournés.

Bien avant que nous envisagions de considérer seulement les questions qualitatives, nous avions envisagé d'inclure les questions quantitatives mais nous avions vite déchanté compte tenu du nombre de construits et de l'étendu de l'échantillon avec lequel on aurait pu avoir affaire. D'ailleurs, si nous l'avions essayé, nous n'aurions pas pu réussir avec cette approche parce que chaque construit du modèle mérite une étude empirique particulière, comme l'a d'ailleurs suggéré le premier expert interviewé (voir annexe 2), ce qui sort des objectifs de notre étude qui visent essentiellement la conception d'un modèle intégré de gestion des connaissances des projets TI en prenant en exemple les projets de construction d'entrepôt de données. Dans l'entre temps, le questionnaire était déjà composé et expédié aux intéressés. C'est la raison pour laquelle vous trouverez une section du questionnaire portant sur les questions quantitatives que nous n'avions pas considérées lors de cette étude pour des raisons que nous venions d'évoquer. Les réponses et commentaires aux questionnaires se trouvent en annexe 2. Ce questionnaire comprend donc trois sections : - identification du répondant, - questions quantitatives, - question d'opinions scientifiques sur le modèle.

En ce qui concerne les questions sur l'identification du répondant, il s'agit des questions qui permettent simplement d'identifier le répondant. Ces questions nous permettent de voir si un répondant est qualifié à évaluer ou à juger de la validité du modèle proposé. Toutefois les répondants avaient été présélectionnés selon leur profil scientifique en gestion des connaissances. Le premier répondant est professeur à l'Université Concordia et compte à son actif plusieurs articles publiés en gestion des connaissances et enseigne le séminaire de doctorat et de maîtrise intitulé « Knlowledge Management et Knowledge Management Support » (nous l'avons connu comme professeur à ce titre), enfin il a comme champs de recherche la gestion des connaissances et l'ingénierie des ontologies. Le deuxième est chargé de cours et chercheur associé dans plusieurs projets de recherche en gestion des connaissances auxquels il prend activement part à l'Université du Québec à Montréal (UQAM). Leur identité se trouve en annexe 2.

Quoique les répondants aient répondu à la deuxième section du questionnaire portant sur les questions quantitatives, nous ne l'avons pas considéré pour des raisons évoquées à l'introduction du présent chapitre.

La section se rapportant aux questions d'opinion scientifique (avec les commentaires) a été prise en compte et nous a permis de redéfinir les construits du modèle dont en voici l'ossature :

1. Pensez-vous que les variables dépendantes retenues (**Know-Why, Know-Who, Know-When, Know-What** et **Core Knowledge**) pour ce modèle sont essentielles à la gestion des connaissances d'un projet de construction d'entrepôt de données ou de n'importe quel projet en technologie de l'information ? (Oui/Non)

2. Pensez-vous qu'il existerait des relations substantielles entre ces différentes variables comme proposées et expliquées dans le modèle en annexe ? (Oui/Non)

3. Pensez-vous que le modèle proposé vient de façon substantielle aider à cerner la problématique de la gestion des connaissances dans les projets en technologie de l'information ou de construction d'entrepôt de données? (Oui/Non)

4. S'il vous était demandé de faire une critique scientifique de ce modèle, quels seraient, d'après vous, les points forts et les points faibles de ce modèle et comment aimeriez-vous améliorer les points faibles?

En ce qui concerne la question 1, nous voulions nous rassurer que les variables dépendantes (construits) retenues dans le modèle sont essentielles à la gestion des connaissances des projets TI en générale et d'entrepôt de données en particulier. Nous avons aussi posé cette question parce que jusqu'au moment où nous écrivons le présent mémoire il n'existe pas encore une organisation en construits de la gestion des connaissances dans un modèle et nous voulions nous rassurer que les construits identifiés et développés étaient incontournables dans ce contexte. Les réponses des deux répondants étaient positives : ce qui nous a rassuré de la pertinence des construits retenus dans notre étude. Ceci, même si un des répondants avait souhaité que nous testions le modèle avec un nombre limité de construits (voir répondant 1, annexe 2). Sa proposition serait inaccessible dans le cadre des objectifs poursuivis par notre étude parce que le modèle perdrait certaines variables importantes et serait du coup non fonctionnel. D'ailleurs c'est ce que soutient le deuxième répondant en commentant comme ceci : « *Le point fort du modèle est qu'il met en relation des variables qui sont effectivement importantes pour la gestion de connaissances* » (voir annexe 2).

Quant à la deuxième question qui consistait à vérifier s'il existerait des relations substantielles entre les différentes variables (construits), elle visait d'abord à savoir si les relations (ou influences) identifiées étaient justifiées et ensuite si les explications fournies sont convainquantes pour justifier leur existence. Ici aussi, les deux répondants ont donné deux réponses affirmatives.

Ce qui nous amène à considérer que pour avoir une gestion complète des connaissances à l'intérieur d'un projet TI ou d'entrepôt, on doit s'abstenir de considérer seulement un ou une partie de construits mais plutôt tenir compte des relations ou liens qu'on doit établir entre les construits. Ces relations sont spécifiées lors de la définition des besoins du développement et de l'implantation du projet de gestion des connaissances à l'intérieur d'un projet TI ou d'entrepôt de données.

La troisième question visait à obtenir, nonobstant la jeunesse du modèle, que ce modèle est une contribution substantielle à la compréhension des paramètres conduisant à une bonne gestion des connaissances dans les projets TI et une réponse aux préoccupations des chercheurs qui décriaient l'absence d'un cadre conceptuel unique en gestion des connaissances (Rubenstein-Montano et al., 2001; Bobbitt, 1999). Cette question est capitale parce qu'elle juge des efforts consentis pour enfin arriver au modèle proposé. Elle est d'autant plus importante qu'une réponse négative de la part des répondants aurait conduit à infirmer nos hypothèses de recherche. À notre grande satisfaction, les réponses des deux répondants sont positives. Ce qui nous amène à dire que le modèle peut faire son chemin.

Nous avons aussi voulu recueillir les commentaires de nos interlocuteurs sur le modèle proposé en allant chercher leurs opinions positives et négatives. À l'aide de cette question, nous sommes allé chercher les points forts du modèle sur lesquels capitaliser et les points faibles sur lesquelles notre attention devrait être portée pour améliorer le modèle, s'il y a lieu, ou à expliquer davantage pour que nos idées soient comprises par tous. D'ailleurs à lire les commentaires d'un des répondants, on peut noter certaines incompréhensions au niveau de la définition des construits. C'est ce qui nous a permis de revoir les explications sur le modèle et les construits afin de se faire comprendre par les lecteurs. Une des explications de cette remarque est simplement du au fait que, lors de l'envoi du questionnaire, les répondants se sont contentés de quelques explications condensées du modèle et n'avaient pas en main tous les chapitres du mémoire pour comprendre certains détails et juger valablement du contenu. Pour cerner ses préoccupations, nous avons obtenu une entrevue auprès du répondant en question et après explications sur le fonctionnent du modèle et de ses construits, on a fini par se comprendre et il a finalement appuyé la pertinence du modèle proposé.

En ce qui concerne les commentaires sur l'aspect trop abstrait du modèle qui demanderait d'être testé dans un contexte quelconque, ceci ne pouvait pas se faire dans le cadre de cette étude et pourrait être l'objet des recherches à venir qui se pencheraient sur la construction des instruments de mesures pour chacun des construits et relations entre construits. Ce qui permet d'obtenir un bon système de gestion des connaissances qui aura les caractéristiques suggérées par Seufert, Andreas et al. (1999) :

- ❑ Capacité de produire constamment de nouvelles connaissances,
- ❑ Capacité de passer à de nouveaux produits et à de nouveaux services,
- ❑ Partager et apprendre le framework,

- Les sociétés qui ont connu de succès se sont placées comme moyeux (hubs) au centre d'un système de gestion des connaissances,
- Stimuler les collaborations enrichissantes en recherche avec les divers partenaires de l'organisation,
- Un système de gestion des connaissances peut être compris comme un ensemble de réseaux sociaux entre les acteurs qui partagent la connaissance,
- Reliez ensemble les différents niveaux et domaines de la connaissance,
- Interconnecter le processus de travail des connaissances avec l'architecture de réseau des connaissances,
- Interconnecter le processus de travail des connaissances avec les conditions de facilitation,
- Utiliser les outils des réseaux de connaissances comme un produit d'une action humaine,
- Considérer les outils de réseaux de la connaissance comme milieu d'action humaine,
- Faciliter des états d'interaction avec des outils de réseau de la connaissance,
- Considérer les conséquences institutionnelles d'interaction avec des outils de réseau des connaissances.

Schmid et al. (2000) ajoutent la liste en disant que le système de gestion des connaissances doit aussi:

- Faciliter les conditions de création des connaissances organisationnelle,
- Considérer les communautés et fournir les solutions spécialisées et adaptées aux besoins du client pour les communautés: permettre la communication et le transfert de la connaissance entre les communautés,
- Relier le langage au contenu de la connaissance d'organisation,
- Fournir efficacement les facilités au processus comme la création de la connaissance, extériorisation de la connaissance et l'utilisation des connaissances : récupération, combinaison et transport.

Seufert, Andreas et al. (1999) clôture la liste en énumérant une série de critères susceptible de soutenir tout bon système de gestion des connaissances à savoir :

- La gestion des connaissances devrait comporter une vue holistique de la connaissance : intégration de la connaissance explicite et tacite,
- La gestion des connaissances devrait adopter une position holistique où on démontre comment la connaissance est créée et transférée,
- Le système de gestion des connaissances doit être un espace où la connaissance et l'expérience des employés sont rendues disponibles,
- Les systèmes des processus partagés sont à encourager dans un environnement de gestion des connaissances.

Ce sont là quelques objectifs spécifiques que nous visions lorsque nous avons pensé à mettre en place un modèle intégré de gestion des connaissances des projets TI en général et de construction d'entrepôt de données en particulier.

Conclusion

Les discussions sur les réponses aux questionnaires du modèle nous portent à croire que nous avons atteint notre objectif qui consistait à concevoir un modèle intégré de gestion des connaissances des projets TI en général et de construction d'entrepôt de données en particulier.

Concernant la méthodologie et plus précisément la validation du modèle, le choix d'un questionnaire avec questions fermées n'est certes pas un choix optimal, compte tenu du fait que l'on n'a que deux répondants. L'entrevue semi-dirigée aurait été préférable et aurait permis aux experts d'abord de mieux comprendre le modèle et par la suite d'en discuter en connaissance de cause. Nous mettons cette considération au compte des limites de notre travail. Toute fois, comme souligné au chapitre précédant, nous avions rencontré les experts après les réponses aux questionnaires et avions dissipé tous les malentendus sur la compréhension du modèle.

Ceci n'enlève en rien du fait que ce modèle est un cadre conceptuel théorique qui prend en compte tous les aspects de la gestion des connaissances dans un contexte de développement des projets en technologie de l'information.

Le regroupement des connaissances et de leurs possibilités d'utilisation en construits a permis de cerner les concepts et de les aborder dans un regroupement qui permettra aux futurs chercheurs de tester l'appartenance ou la convergence des items à un construit et d'évaluer de façon empirique les relations d'influence qu'a chaque construit vis à vis des autres. Ce regroupement pourrait aussi aider certains chercheurs à tenter d'optimiser les dimensions de chaque construit et les relations entre construits. Au niveau des organisations, ce regroupement aidera les gestionnaires de projet à catégoriser les connaissances en cinq grands construits et leur permettra d'établir de relations entre les différents construits.

L'approche de regrouper les connaissances en catégories aidera à modéliser les connaissances de chaque catégorie de façon indépendante tout en tenant compte qu'une donnée, information ou connaissance est logée dans une catégorie, une seule fois. À l'aide des traitements à préconiser, on établira de liens nécessaires pour s'en servir. La modélisation de ces catégorie pourrait se faire en un langage de modélisation comme UML (Unified Modelling language) qui permet la modélisation des applications par cas d'utilisation et celle des classes y afférentes.

Comme nous l'avons souligné à plusieurs reprises dans cette étude, la littérature convient qu'il y a manque d'un cadre théorique unique en gestion des connaissances (Rubenstein-Montano et al., 2001; Bobbitt, 1999) et qu'il était temps qu'une réponse soit apportée. C'était l'objectif que nous nous sommes fixé et espérons l'avoir atteint en proposant le présent modèle dans l'espoir qu'il y aura d'autres études qui viendront le parfaire.

Nous pensons que plus la connaissance est créée rapidement, plus une compagnie peut fournir la valeur pour sa croissance. Et si la gestion des connaissances au sein des projets TI peut mieux aligner l'organisation entière autour de ses buts et objectifs, le résultat sera une augmentation souhaitable de la productivité et de la créativité.

En termes de contribution, comme nous l'avons souligné un peu plus haut, notre travail aura eu le mérite de proposer un cadre théorique qui distingue les connaissances en catégories (construits) et présente les relations d'influence que chaque catégorie peut avoir sur les autres.

Au plan pratique, bien que nous reconnaissons que le cadre théorique proposé demande encore d'être raffiner pour être utilisé comme tel dans l'industrie, il pourrait néanmoins aider à catégoriser les connaissances d'un projet TI et d'établir une vue d'ensemble de la gestion des connaissances en s'assurant que toutes les catégories des connaissances ont été prises en compte.

Au plan des recherches, notre contribution est significative parce qu'elle met en exergue un modèle avec les construits, les dimensions et les relations entre les construits. Ce qui donne champ libre au chercheur de mener les recherches expérimentales et empiriques ainsi que les études des cas sur le modèle et ces construits en vue de produire les instruments de mesure fiables et qui permettront au modèle d'être appliqué au niveau de l'industrie.

Ainsi, la conception de ce cadre conceptuel, avec les améliorations qui s'en suivront, permettra (1) au monde pratique d'avoir un cadre conceptuel en gestion des connaissances pouvant leur servir de guide ou d'instrument à la bonne gestion des connaissances de leur projets TI respectifs; (2) les chercheurs (2a) pourront l'enrichir avec des études empiriques pour permettre sa généralisation à tous les projets TI et (2b) de le traiter avec les prototypes ou projets pilotes afin d'évaluer son applicabilité.

BIBLIOGRAPHIE

LIVRES

ACKOFF, R.L. et Emery F.E. 1972. « On Purposeful Systems », Chicago: Aldine Atherton.

ARGYRIS, C. et Schön, D.A. 1978. « Organizational Learning: a Theory of Action Perspective », MA: Addison-Wesley, Reading.

BALLAY, J.-F. 1997. « Capitaliser et transmettre les savoir-faire de l'entreprise », Paris : Eyrolles.

BARQUIN, Ramon et al. 1996. « Planning and designing the data warehouse », New Jersey: Prentice HALL.

BECK, D.E. et Cowan, C.C. 1996. « Spiral Dynamics: Mastering Values », Leadership and Change Exploring the New Science of Memetics, Cambridge: Blackwell, MA.

BECKMAN, T., 1998. « Knowledge Management Seminar Notes », Mexico: ITESM, Monterrey.
CHECKLAND, P.B. 1981. « Systems Thinking, Systems Practice », Chichester: John Wiley & Sons.

CORBEL, J.C. 1997. « Méthodologie de retour d'expérience: démarche MEREX de Renault, Connaissances et Savoir-faire en entreprise », Paris : Hermes, pp. 93-110.

DIENG, Rose et al. 2000. « Méthodes et outils pour la gestion des connaissances, Paris : Dunod.
GOGLIN, Jean-François. 1998. « La construction du datawarehouse: du datamart au dataweb », Paris : Hermes.

GOUARNÉ, Jean-Marie. 1998. « Le projet décisionnel: Enjeux, modèles et architecture du Data Warehouse », Paris : Eyrolles.

GRUNDSTEIN, M. 1995. « La capitalisation des connaissances de l'entreprise, système de production de connaissances, l'entreprise apprenante et les Sciences de la Complexité », Aix-en-Provence.

HACKATHORN, Richard D. 1998. « Web farming for the data warehouse: exploiting business intelligence and knowledge management », San Francisco : Morgan Kaufmann.

HOLLAND, J.H. 1975. « Adaptation in Natural and Artificial Systems », Michigan :The University of Michigan Press, Ann Arbor, MI.

JOHNSON-LAIRD. 1983. « Mental Models », Cambridge: University Press.
KERLINGER F. et Lee H. 2003. « Foundations of Behavioral Research », Toronto: Wadsworth, 4th Edition.

KIMBALL, Ralph and al. 1998. « The data warehouse Lifecycle Toolkit: Expert Methods for Designing, Developing, and Deploying Data Warehouses », Toronto: Wiley.

KIMBALL, Ralph. 1996. « Entrepôts de données: Guide pratique du concepteur de *data warehouse* », Paris : Wiley.

LIEBOWITZ, J. 2000. « Building Organizational Intelligence: A Knowledge Management Primer », Boca Raton: CRC Press.

LIEBOWITZ, J. 1999. « The Knowledge Management Handbook », Boca Raton: CRC Press.

LIEBOWITZ, J. and Beckman. 1998. « Knowledge Organizations: What Every Manager Should Know », St. Lucie Boca Raton: CRC Press.

MACINTOCH, A. 1997. « Knowledge Asset Management », Alring.

MARQUARDT, M. 1996. « Building the Learning Organization: A Systems Approach to Quantum Improvement and Global Success », New York :McGraw Hill.

MORABITO, Joseph, Sack Ira et Bhate Anilkumar. 1999. « Organization Modeling: innovative Architectures for the 21st century », Toronto: Prentice Hall PTR.

NISSEN, M., Kamel, M. et Sengupta, K. 2000. « Integrated Analysis and Design of Knowledge Systems and Processes, in Knowledge Management and Virtual Organizations », Ed. Malhotra Y., Idea Group Publishing, pp. 214-244.

O'DELL, C. 1996. « A Current Review of Knowledge Management Best Practice, Conference on Knowledge Management and the Transfer of Best Practices », London: Business Intelligence.

POITOU, J.P. 1997. « La gestion collective des connaissances et la mémoire individuelle, Connaissances et savoir-faire en entreprise », Paris : Hermès, pp. 157-178.

POMIAM, J. 1996. « Mémoire d'entreprise, techniques et outils de la gestion du savoir », Sapientia : Éditions.

RUGGLES, R. 1997. « Tools for Knowledge Management: An Introduction », Butterworth-Heinemann: Knowledge Management Tools.

SENGE, P.M. 1990. « The Fifth Discipline », New York: Doubleday.

VAN DER SPEK, R. et Spijkervet, A. 1997. « Knowledge Management: Dealing Intelligently with Knowledge », in: J. Liebowitz and L. Wilcox, Eds., Knowledge Management and Its Integrative Elements, Boca Raton: CRC Press.

WIIG, K. 1993. Knowledge Management Foundations, Arlington: Schema Press.

JOURNAUX ET PÉRIODIQUE

ABECKER, A., Bernardi, A.1998. Hinkelmann, K., Kuhn, O. and Sintek, M., « Toward a Technology for Organizational Memories », IEEE Intelligent Systems, (May/June), p40-45.

ALAVI, M. et Leidner, D.E. 1999. « Knowledge Management Systems: Issues, Challenges, and Benefits », Communications of the Association for Information Systems, Vl. 1, No. 7.

ALAVI, M. et Leidner, D.E. 2001. « Knowledge Management and Knowledge Management Systems: Conceptual Foundations and Research Issues », MIS Quarterly, Vol. 25, No. 1, pp. 107-136.

BEIJERSE, R. 1999. « Questions in Knowledge Management: Defining and Conceptualizing a Phenomena », Journal of Knowledge Management, Vol. 2, No. 2.

BINNEY, Dereck. 2001. « The knowledge management spectrum – understanding the KM landscape », Journal of Knowledge Management, Vol. 5, No. 1, pp. 33-42.

BLACKLER F. 1995. « Knowledge, knowledge work and organizations: An overview and interpretation », Organization Studies, Vol.16, No 6, pp. 1021 – 1046.

BLUMENTRITT R. et Johnson R. 1999. « Towards a Strategy for Knowledge Management », Technology Analysis & Strategic Management, Vol. 11, No. 3, pp. 287-300.

BROWN, J. et Duguid P. 1991. « Organizational learning and communities of practice: Toward a unified view of working, learning, and innovation », Organization Science, Vol. 2, No 1.

BROWN, J. and Duguid P. 1998. « Organizing Knowledge », California Management Review, Vol. 40, No 3, pp. 90-111.

CHANDRASEKARAN, B., Josephson, J.R. and Benjamins, V.R. 1999. « What are Ontologies, and Why do we need them? », IEEE Intelligent Systems, January/February, p20-26.

CHERN, A.(1976), « The Principles of Sociotechnical Design », Human Relations, Vol. 29, No 8, pp. 783-792.

COLLINS, H. 1993), « The Structure of Knowledge », Social Research, Vol. 60, No. 1, pp. 95-116.

COOK, S. et Brown, J. 1999. « Bridging Epistemolgies: The Generative Dance Between Organizational Knowledge and Organizational Learning », Organization Science, Vol. 10, No. 4, pp. 381-400.

COULSON-THMAS, C. (1997), « The Future of the Organization: Selected Knowledge Management Issues », Journal of Knowledge Management, Vol. 1, No. 1, pp. 15-26.

DAVENPORT, T.H., De Long, D.W., Beers M.C. 1998. « Successful Knowledge Management Projects », Sloan Management Review, Winter.

DAVENPORT, T. H. 1999. « From Data to Knowledge », CIO, Vol. 26.

DESPRES, C. et Chauvel, D. (1999), « Knowledge Management(s) », Journal of Knowledge Management, Vol. 3, No. 2, pp. 110-120.

EARL, M. 2001. « Knowledge Management Strategies: Toward a Taxonomy », Journal of Management Information Systems, Vol. 18, No. 1, pp. 215-233.

ERMINE, Jean-Louis et al. 1996. « MKSM : Méthode pour la gestion des connaissances, Ingénierie des systèmes d'information », AFCETHermès, Vol. 4, No 4, pp. 541-575.

FAHEY, L. et Prusak L. 1998. « The Eleven Deadliest Sins of Knowledge Management », California Management Review, Vol. 40, No. 3, pp. 265-276.

GOLD, A., Malhotra A. et Segars, A. 2001. « Knowledge Management: An Organizational Capabilities Perspective », Journal of Management Information Systems, Vol. 18, No. 1, pp. 185-214.

GRANT, R. 1996. « Towards a Knowledge-Based Theory of the Firm », Strategic Management Journal, 17 Winter Special Issue, pp. 102-122.

HANSEN, M.T., Nohria, H. et Tierney, T. 1999. « What's Your Strategy for Managing Knowledge? », Harvard Business Review Vol. 77, No. 2.

HOLLAND, J.H. 1962. « Outline for a Logical Theory of Adaptive Systems », Journal of the Association of Computing Machinery, Vol. 3.

HOLM, Jeanne. 2000. « Developing a Strategic Approach to Knowledge Management », Jet Propulsion Laboratory, California Institute of Technology, August.

HOLSAPPLE, C. et Joshi, K. 1997. « Knowledge Management: A Three-Fold Framework », Kentucky Initiative for Knowledge Management, July, [Paper No. 104].

HOLSAPPLE, C. W. et Joshi, K.D. (1998), « In Search of a Descriptive Framework for Knowledge Management: Preliminary Delphi Results », Kentucky Initiative for Knowledge Management, March, [Paper No. 118].

HUBER, G. 1991. « Organizational learning: The Contributing Processes and the Literature », Organizational Science, Vol. 2, No.1, pp. 88-115.

JUNNARKAR, B. 1997. « Leveraging Collective Intellect by Building Organizational Capabilities », Expert Systems with Applications, Vol. 13, No. 1.

KOFMAN, F. et Senge, P.M. 1993. « Communities of Commitment: the Heart of Learning Organizations », Organizational Dynamics, Vol. 22, No. 2.

KÜHN, O. et Abecker, A. 1997. « Corporate Memories for Knowledge Management in industrial Practice: Prospects and Challenges », Journal of Universal Computer Science, Vol. 3, No. 8, pp. 929-954.

LEONARD, D. et Sensiper S. 1998. « The Role of Tacit Knowledge in Group Innovation », California Management Review, Vol. 40, No. 3, pp. 112-132.

LEVITT, B. et March, J. 1988. « Organizational learning », Annual Review of Sociology, Vol. 14, pp. 319-340.

LISTON, D.M. et Schoene, M.L. 1971. « A Systems Approach to the Design of Information Systems », Journal of the American Society for Information Science, Vol. 23, No. 2.

McDERMOTT, R. et O'Dell, C. 2001. « Overcoming Cultural Barriers to Sharing Knowledge », Journal of Knowledge Management, Vol. 5, No. 1, pp. 76-85.

MARTENSSON, M. 2000. « A Critical Review of Knowledge Management As a Management Tools », The Learning Organization, Vol. 4, No. 3, pp. 204-216.

MIETTINEN, P. et Hämäläinen, R.P. 1997. « How to Benefit from Decision Analysis in environmental Life Cycle Assessment (LCA) », European Journal of Operational Research, Vol. 102.

NONAKA, I. 1994. « A dynamic theory of organizational knowledge creation », Organizational Science, Vol. 5, No. 1, pp. 14-37.

Nonaka, I. 1991. « The knowledge creating company », Harvard Business Review, Vol. 69.

O' LEARY, D.E. 1998. « Enterprise Knowledge Management », Computer, March, p54-61.

O'Leary, D.E. 1998. « Knowledge Management Systems: Converting and Connecting », IEEE Intelligent Systems, Vol. 13, No. 3, pp. 30-33.

PAN, S. et Scarbrough, H. 1999. « Knowledge Management in Practice: An Exploratory Case Study », Technology Analysis & Strategic Management, Vol. 11, No. 3, pp. 359-374.

RUGGLES, R. 1998. « The State of the Notion: Knowledge Management in Practice », California Management Review, Vol. 40, No. 3, pp. 80-89.

SACKMANN, S. 1992. « Culture and subcultures: An analysis of organizational knowledge », Administrative Science Quarterly, Vol. 37, No. 1, pp. 140-161.

SCOTT, J.E. 1998. « Organizational Knowledge and the Intranet », Decision Support Systems, Vol. 23, p3-17.

SEUFERT, Andreas et al. 1999. « Towards knowledge networking », Journal of Knowledge Management, Vol. 3, No. 3, pp. 180-190.

SHAKUN, M.F. 1981. « Policy Making and Meaning as Design of Purposeful Systems », International Journal of General Systems, Vol. 7.

SPIEGLER, I. 2000. « Knowledge Management: A New Idea or a Recycled Concept? », Communications of AIS, June, Vol. 3, No. 14.

TEECE, J. 1998. « Capturing Value from Knowledge Assets: The New Economy, Markets for Know-How, and Intangible Assets », California Management Review, Vol. 40, No. 3, pp. 55-79.

TSOUKAS, H. 1996. « The Firm as a Distributed Knowledge System: a Constructionist Approach », Strategic Management Journal, Vol. 17.

VAN HEIJST, G., Van der Spek, R. et Kruizinga, E. 1997. « Corporate Memories as a Tool for Knowledge management », Expert Systems with Applications, Voil.13, No. 1.

VENKATRAMAN, N. et Henderson, J. C. 1993. « Strategic alignment: Leveraging information technology for transforming organizations », IBM systems journal.

WATSON, H., et Haley. 1997. « Data Warehousing: A framework and Survey of Practices », Journal of Data Warehousing vol. 2, No.1.

WIELINGA, B., Sandberg, J. et Schreiber, G. 1997. « Methods and Techniques for Knowledge Management: What has Knowledge Engineering to Offer? », Expert Systems with Applications, Vol. 13, No. 1.

WIIG, M. 1997. « Integrating intellectual capital and knowledge management », Long Range Planning, Vol. 30, No. 3, pp. 399-405.

ZACK, M. 1999. « Managing Codified Knowledge », Sloan Management Review, Vol. 40, No. 4, pp. 45-58.

ZANDI, I. 1986. « Systems Thinking Applied to Environmental/Resources Management Systems », Journal of Resource Management and Technology, Vol. 15, No. 2.

AUTRES
ABOU-ZEID, E. 2002. « A Strategic Alignment Model for Knowledge Management », IRMA International Conference Proceedings.

ACKOFF, R.L. 1971. « Towards a System of Systems Concepts », Intitute of Management Sciences, Providence, RI.

ANDERSEN, Arthur. 1997. « Business Consulting: Knowledge Strategies », http://www.arthurandersen.com/aabc.

ANDERSEN CONSULTING. 2000. « Collaboration and Knowledge Management », http://www.ac.com:80/services/knowledge/km_home.html.

APOSTOLOU, D. et Mentzas, G. 1998. « Managing Corporate Knowledge: A Comparative Analysis of Experiences in Consulting Firms », in: Second International Conference on Practical Aspects of Knowledge Management, October, (Basel, Switzerland).

ARMBRECHT, F.M. Ross et al. 2001. « Knowledge Management in research and development », Research Technology Management.

BOBBITT, L., .29-31 March 1999. « Implementing Knowledge Management Solutions », International Knowledge Management Summit, San Diego, CA.

BRINT.COM, L.L.C. 1999. « Business Process Reengineering & Innovation », http://www.brint.com/BPR.htm.

BUCKLEY, P.J. et Carter, M.J. 1998. « Managing Cross Border Complementary Knowledge: The Business Process Approach to Knowledge Management in Multinational Firms », Carnegie Bosch Institute [working paper #98-2].

CHECKLAND, P.B. 14-17 July 1992. « From Framework Through Experience to Learning: the Essential Nature of Action Research », in: C. Bruce and A.L. Russell, Eds., Proceedings of the Second World Congress on Action Learning (Association for Action Learning, Action Research and Process Management, Brisbane).

CONKLIN, J. 1996. « Designing Organizational Memory: Preserving Intellectual Assets in a Knowledge Economy », http://www.cmsi.com/business/info/pubs/desom/body.html.

DATAWARE TECHNOLOGIES Inc. 1998. « Seven Steps to Implementing Knowledge Management in Your Organization », Corporate Executive Briefing [http://www.dataware.com].

DAVENPORT, T.H. 1995. « The Fad That Forgot People », Fast Company Magazine 1, http://www.fastcompany.com/online/01/reengin.html.

DELPHI GROUP. 1999. « Knowledge Management Onsite Seminar », http://www.delphigroup.com/events/institutes/km-inst.htm.

EARL, Louise. 2001. « Gérons-nous nos connaissances? : Résultats de l'Enquête pilote sur les pratiques de gestion des connaissances », Statistique Canada 88F0006XIF No. 06 : www.statcan.ca.

ERNEST & YOUNG. 1999. http://www.ey.com/consulting/kbb/k2work.asp.

GERSTING, A., Gordon, C. et Ives, B. 2000. « Implementing Knowledge Management: Navigating », the Organizational Journal [http://www.ac.com:80/services/knowledge/implement.html].

GROVER, Little, R. 1998. « Identification of factors affecting the implementation of Data Warehouse » (Ph.D. Dissertation), Auburn University, Alabana.

HALL, M.L.W. 1999. « Systems Thinking and Human Values: Towards Understanding Performance in Organizations », http://sysval.org/chapter3.html.

HALL, M.L.W. July 1998. « Systems Thinking and Human Values: Towards Understanding the Chaos in Organizations », ISA Sociocybernetics Conference, Montreal, Canada.

HALL, M.L.W. (1997), « Systems Thinking and Human Values: Towards a Practical Organizational Intervention Methodology », Ph.D. dissertation, University of Lincolnshire and Humberside, Lincoln, UK.

HANLEY, Susane. 2000. « A framework for delivering value with knowledge management », American Management Systems, January, www.amsinc.com.

JACOB, Réal. 2000. « Gérer les connaissances : un défi de la nouvelle compétitivité du 21ème siècle (information, interaction, innovation) », www.cefrico.qc.ca.

KLEINHOLZ, A. 1999. « Systems ReThinking: An Inquiring Systems Approach to the Art and Practice of Learning, Organizational », Foundations of Information Systems, http://www.cba.uh.edu/~parks/fis/inqre2al.htm.

MALAFSKY, Geoffrey et Hanley, Sue, « Overview: Metrics Guide for Knowledge Management Initiatives », Department of the Navy (USA)/ Technology Intelligence International LLC: www.techi2.com/Plural: www.plural.com.

NEVIS, E.C., DiBella, A.J. et Gould, J.M. 1995. « Understanding Organizations as Learning Systems », MIT [http://learning.mit.edu/res/learning_sys.html].

PERKIN, Alan. 2000. « Critical Success Factor for Data Warehouse Engineering », DM Review, http://dmreview.com/master.cfm?NowID=61&WhitePaperID=84.

RUBENSTEIN-MONTANO, B., Liebowitz, J., Buchwalter J. et MaCaw D., « A Systems Thinking Framework for Knowledge Management », http://userpages.umbc.edu/~buchwalt?papers/KM10-FINAL.htm.

SAINT-ONGE, H. 29-31 March 1999. « Building Capability Through Knowledge », International Knowledge Management Summit, San Diego, CA.

SAINT-ONGE, H. November 1998. « Knowledge Management », in: Proceedings of the 1998 New York Business Information Technology Conference (TFPL, Inc.).

SCHLANGE, L.E. 1995. « Linking Futures Research Methodologies: An Application of Systems Thinking and Metagame Analysis to Nuclear Energy Policy Issues », Futures, Vol. 27.

SCHMID, Beat et al. 2000. « Knowledge Media: An innovative Concept and technology for Knowledge Management in the Information Age », Institute for Media and Communications Management, University of St. Gallen, www.unisg.ch, http://www.netacademy.org.

SKANDIA INSURANCE COMPANY, Ltd. 1999. « The Skandia Group », http://www.skandia.se/group.

SMITH, B. February 23, 1999. « Personal communication », American Management Systems.

STEELS, L. octobre 1993. « Corporate knowledge management », Proceedings of the International Symposium on the Management of Industrial and Corporate Knowledge (ISNICK'93), Compiègne, pp. 9-30.

STEIER, D.M., Huffman, S.B. et Kalish, D.I. March 1997. AAAI Spring Symposium on AI in Knowledge Management.

VAN DER SPEK, R. et de Hoog, R. 1998. « Knowledge Management Network », U. of Amsterdam, The Netherlands [working paper].

VAN HEIJST, G, VAN der Spek, R. et Kruizinga, E., L. November 1996. « Organizing Corporate Memories », In B. Gaines et M. Musen (éd), Proceedings of the 10th Banff Knowledge Acquisition for Knowledge-Based Systems Workshop (KAW'96), Banff, Canada, pp. 21-1/42-17 (http://ksi.cpsc.ucalgary.ca/KAW96/KAW96Proc.html).

WIIG, K. October 1998. « The Role of Knowledge Based Systems in Knowledge Management », Workshop on Knowledge Management and AI (U. S. Dept. of Labor, Washington DC).

YOUNG, R. 1999. « Knowledge Management Overview: From Information to Knowledge », http://www.knowledgeassociates.com/website/km.nsf/notesdocs/Overview?OpenDocume nt.

Annexe

Annexe 1 : Méthodes de capitalisation des connaissances suivant les connaissances manipulées

Méthodes	Aspects de connaissances étudiées	Typologies de connaissances définies	Domaines d'application
REX(Malvache Et al., 1993; Eichenbaum et al., 1997)	Résolution de problèmes + Vocabulaire	Objet descriptif, Point de vue, Terme	Conçu dans le but de capitaliser l'expérience de démarrage du réacteur SuperPhénix.
MKSM (Methology for knowledge System Management), Ermine et al., 1996	Activité + Domaine	Triangle sémantique : Information, Contexte, Signification	Méthode spécialisée dans la gestion des connaissances en vue de la capitalisation de celles-ci.
CYGMA (Cycle de vie et Gestion des Métiers et des Applications), Bourne (1997)	Activité + Domaine	Connaissances singulières, terminologiques, ontologique, factuelles, faits initiaux, de buts, d'intégrité, existentielles, synthétiques, stratégiques, structurelles, comportementales, opératoires	Méthode basée sur les connaissances industrielles : singulières, terminologiques, structurelles, comportementales, stratégiques et opératoires.
Atelier FX (Poitou, 1995, 1997)	Activité + Domaine	Terme, Donnée	Méthodologie autonome de l'activité : capitalise les connaissances relatives à une activité quelconque.
Componential Framework (Steels, 1993)	Résolution de problèmes + Domaine	Tâche, Méthode, Information	Définie dans le cadre de l'acquisition des connaissances afin de développer une base de connaissance
CommonKADS (Breuker et al., 1994)	Organisation + Résolution de problèmes + Domaine	Tâche, Inférence, Modèle du domaine, Ontologie	Spécialisée dans la constitution d'ontologie d'un domaine.
KOD (Knowledge Oriented Design), Vogel (1988)	Résolution de problèmes + Domaine	Taxinomies, Actinomies, Schémas d'interprétation, Schémas de conduite	Développe la base de connaissance pour les machines.
Merex (Mise en Règle de l'EXpérience), Corbel, 1997			Capitalisation des solutions issues des produits : conception automobile avec Renault.

Figure 13 : Tableau comparatif des quelques méthodes de capitalisation des connaissances suivant les connaissances manipulées (inspiré de Dieng et al., 2000).

Annexe 2 : Réponses aux questionnaires

Répondant 1

PERSONAL IDENTIFICATION
The following questions will help us categorize our survey expert:
Last and First name: | **El-Sayed Abou-Zeid** | | **M** | Sex (M, F):

Primary occupation: **MIS professor**
Organisation/company: Concordia **University**
Do you have a KM project in your IT or data warehouse projects? (Yes/**No**)
Are you involved (or interested)
- In the research or teaching of KM (**Yes**/No)
- In a creation process and knowledge management (**Yes**/No)
- In a IT or Data Warehouse project (**Yes**/No)

Or are you
- A decision-maker interested in KM (**Yes**/No)
- A manager interested or involved in KM (**Yes**/No)
- A user interested or involved in KM (**Yes**/No)
- Other (please write it below) **Researcher**

Generally speaking, do you think that KM can contribute to limit the failures observed in IT or Data warehouse projects? (**Yes**/No)

QUANTITATIF QUESTIONS BASED ON THE PROPOSED MODEL

Please circle or underline your answer (i.e. 1 2 3 $\underline{4}$ 5 6 7 or 1 2 3 4 5 6 $\underline{7}$) corresponding to your conviction: 1 when you strongly disagree and 7 when you strongly agree. Only choose one answer at a time.

Do you believe that the elements hereafter are essential or show the role and the importance of the knowledge management to the success of the IT projects or construction of data warehouse? (This question relates to all the series)

a. *Series 1: The questions which follow relate to the relation of influence between (1) "Know-Who" which brings information on the person who knows what and how to do it and, (2) "Know-Why" which brings knowledge on the principles and the laws. We want to know here the role which can play the top management and the other persons in charge and actors for the project in the definition of the acquisition of knowledge within the project.* <u>Please, answer here</u>

Conscience awareness of the top management	1 2 3 4 5 6 **(7)**
Conscience awareness of the IT projects officers.	1 2 3 4 5 6 **(7)**
The moral, material and financial support of the top management.	1 2 3 4 5 6 **(7)**
Preservation rather than safegaurd Safeguard of the tacit knowledge of the actors.	1 2 3 4 5 6 **(7)**
The communication and the availability of the culture, the strategies and the objectives of the IT and data warehouse projects	1 2 3 4 5 6 **(7)**

b. *Series 2 : Explicit knowledge is information available within the project and that one must codify it.   This information can be the legal text, the books or reference documents, past experiments, the data bases, the knowledge bases, the data warehouses, etc..*

Please, answer here

Explicit knowledge with the support of technologies.   1 2 3 4 5 6 (7)

c. *Series 3: Here we want to validate if the training by a good knowledge management provides wisdom to act and to decide at the crucial time.*

Please, answer here

The installation of a policy (strategy) of training.   1 2 3 4 5 6 (7)

To impose the policy of the training during the project.   1 2 3 4 5 (6) 7

The acquisition of knowledge by the training.   1 2 3 4 5 (6) 7

d. *Series 4: It is a question here of knowing if the fact of joining together knowledge necessary to the realization of a task can facilitate its execution in an awaited way. Because often the managers think of the definition of knowledge relating to a project to its end rather than to its beginning.*

Please, answer here

Prior definition of knowledge related to each specific task of the project.   1 2 3 4 5 6 (7)

e. *Series 5: Certain managers straightforwardly ignore the need to insert the process of acquisition and sharing of knowledge at the start of the project. We want to know if one should make compulsory the process of the knowledge management from the start of the project.*

Please, answer here

Obligation of the definition of knowledge necessary to the execution of each task of the project   1 2 3 4 5 6 (7)

Obligation of the installation of a team of knowledge management to the starting of the project.   1 2 3 4 5 (6) 7

f. *Series 6: Here we want to evaluate the role that each actor can play in the process of acquisition and sharing of knowledge in an IT or Data Warehouse project.*

Please, answer here

| I don't understand what do you mean by this |

Influence each actor of the IT project on the KM policy.   1 2 3 4 5 6 7

| K-sharing rather than KM-sharing |

Setting-up a good strategy increases the capacity of KM sharing of the IT project   1 2 3 4 5 6 (7)

Setting-up a good strategy stimulates the development of the standards.   1 2 3 4 5 6 (7)

g. *Series 7: here, it is basic knowledge which each actor needs for carrying out his task every day. This knowledge can be the rules of management or the procedures, the operational data or historical, or the bonds with the other information sources, etc.: we want to evaluate here if the absence of codified knowledge and with the range of the hand can influence positively or negatively the realization of a task by an actor.*

Please, answer here

The availability or the lack of knowledge can influence positively or negatively the realization of a task by an actor.
1 2 3 4 5 6 ⑦

h. *Series 8: the realization of the task is made by an actor (intern or external) or a group of the actors according to his specificity:*

Please, answer here

The availability of the knowledge held by an expert can contribute positively to the execution of a task. | created |
Preservation
1 2 3 4 5 6 ⑦

i. **Series 9:** *We want to know if the safeguard of knowledge being born during the project can help to improve the realization of the IT projects.*

Please, answer here

The safeguard of the past experiments can help to learn the lessons from the past experiments of a project.
1 2 3 4 5 6 ⑦

The safeguard of tacit knowledge of the experts of an IT project can help to limit its failures.
1 2 3 4 5 6 ⑦

j. *Series 10: We want to evaluate if the availability or none the availability of knowledge relating to a task can influence the normal execution of a task.*

Please, answer here

The normal execution of a task is a function of the availability of its knowledge.
1 2 3 4 5 6 ⑦

k. *Series 11: We want to know here how a process of knowledge management can influence the organization of the training during the project.*

| This question needs to be rearticulated. It is not clear |

Please, answer here

The knowledge management can influence the training.
1 2 3 4 5 6 7

l. *Series 11: It is a question of evaluating the contribution of the process of knowledge management by the training on the ways of making*

| This question needs to be rearticulated. It is not clear |

Please, answer here

The acquisition of knowledge by the training influences the ways of making actors.
1 2 3 4 5 6 7

QUESTIONS OF SCIENTIFIC OPINION ABOUT THE SUGGESTED MODEL

N.B. These questions are reserved to the experts or to scientists (Professors or students of 2nd and 3rd cycle having the interest of research or teaching in knowledge management) in knowledge management. We advise you to abstain if you do not fall into the above qualities.

5. Do you think that the dependent variables (**Know-Why, Know-Who, Know-When, Know-What** et **Core Knowledge**) for this model are essential to the knowledge management of a Data Warehouse construction project or to any other IT project? (Yes/No)

6. Do you think that there would be substantial relationship between these various variables as proposed in the model? (Yes/No)

7. Do you think that the model suggested comes in a substantial way to help to determine the problematic of the knowledge management in the IT project? (Yes/No)

8. If you were asked to make a scientific criticism of this model, what are, according to you, the strong points and the weak points of this model and how would you improve the weak points?

SOME COMMENTS ON THE PROPOSED MODEL

1. I found difficulty in understanding what do mean exactly by

Know-Who

Know-When

Know-What (about what?)

Core Knowledge

I think it will be a good idea to define them more precisely and provide specific examples.

2. Why not using « IT projects » instead of « IT projects and data warehouse »

1. Simplify your model... concentrate on few constructs and relationships to make it testable

Répondant 2

Les questions suivantes nous aiderons à catégoriser nos répondants :
Nom et Prénom : |_____**Roy, Jean, Ph.D.**_____| Sexe (H : homme, F : |____|
femme) :   **H**
Occupation principale : |_____**Chargé de cours**_____|
Organisation : |_____**UQAM : Université du Québec à Montréal**_____|
Avez-vous un projet d'introduction de la gestion des connaissances dans vos projets TI (**Non**)
Etes-vous impliqué (ou intéressé)
  - ❑ Dans la recherche ou l'enseignement de la gestion des connaissances (**Oui**)
  - ❑ Dans un processus de création et de gestion des connaissances (**Oui**)
  - ❑ Dans un projet en technologie de l'information ou en entrepôt de données (**Non**)
Ou êtes-vous
  - ❑ Un décideur intéressé à la gestion des connaissances (**Non**)
  - ❑ Un gestionnaire intéressé ou impliqué à la gestion des connaissances (**Non**)
  - ❑ Un utilisateur intéressé ou impliqué à la gestion des connaissances (**Non**)
  - ❑ Autres (écrivez-le s'il vous plaît) Un chargé de cours intéressé par la gestion de conn.
D'une manière générale, pensez-vous que la gestion des connaissances puisse contribuer à
limiter les échecs enregistrés dans les projets TI (Technologie de l'Information) ou de
construction d'entrepôt de données ? **Oui.** [Commentaire: Elle peut limiter les échecs, mais
elle peut aussi contribuer aux échecs. Ce n'est qu'un facteur secondaire par rapport au budget,
aux priorités, aux compétences, etc.]

QUESTIONS D'OPINION SCIENTIFIQUE SUR LE MODÈLE PROPOSÉ EN ANNEXE
*N.B. Ces questions sont réservées aux experts ou scientifiques (Professeurs ou étudiants de
2ème et 3ème cycle ayant l'intérêt de recherche ou d'enseignement en gestion des
connaissances) en gestion des connaissances. Nous vous conseillons de vous en abstenir si
vous ne répondez pas à ces qualités.*

9. Pensez-vous que les variables dépendantes retenues (**Know-Why, Know-Who, Know-
   When, Know-What** et **Core Knowledge**) pour ce modèle sont essentielles à la gestion
   des connaissances d'un projet de construction d'entrepôt de données ou de n'importe quel
   projet en technologie de l'information ? (Oui/Non) **Oui.**

10. Pensez-vous qu'il existerait des relations substantielles entre ces différentes variables
    comme proposé et expliqué dans le modèle en annexe ? (Oui/Non) **Oui.**

11. Pensez-vous que le modèle proposé vient de façon substantielle aider à cerner la
    problématique de la gestion des connaissances dans les projet en technologie de
    l'information ou de construction d'entrepôt de données? (Oui/Non) **Non.**

12. S'il vous était demandé de faire une critique scientifique de ce modèle, quels sont, d'après vous, les points forts et les points faibles de ce modèle et comment aimerez-vous améliorer les points faibles?

Le point fort du modèle est qu'il met en relation des variables qui sont effectivement importantes pour la gestion de connaissances. Le point faible est à mon avis l'abstraction du modèle: on ne peut pas être contre la vertu et ce modèle décrit une situation idéale. Donc, il est probablement correct, mais est-ce qu'il est utile? Il me semble qu'il gagnerait à être rapporté à des contextes ou des environnements d'affaires plus spécifiques. Par exemple, dans telle ou telle industrie, avec tel ou tel contexte d'affaires, légal, social, concurrentiel, on a observé que la gestion de connaissances est parvenue à tel état de maturité. On observe un piétinement. Croyez-vous que ce piétinement est lié à la contrainte suivante: 1) __ 2) __ 3) __. L'observation obtenue serait évidemment d'autant plus féconde qu'elle proviendrait d'observateurs avertis du secteur. À titre d'exemple: l'axe implicite/explicite se transforme selon la taille, le secteur, la compétitivité des secteurs. On sait tous que c'est important. Mais pas de la même manière partout et pas pour les mêmes raisons.

Bonne chance!

Annexe 3 : A sample of Knowledge Management Frameworks (inspiré de Rubenstein-Montano et al., 2001)

N.B. : *Nous avons gardé la version anglaise dans la colonne « description » dans l'espoir de garder l'originalité des mots dont la traduction en français ne donnerait pas forcément le même sens.*

Cadre conceptuel	Description
American Management Systems (Smith, B., 1999)	(1) Find [create knowledge centers], (2) Organize [motivate and recognize people] and (3) Share
Arthur Andersen Consulting (1997)	(1) Evaluate, (2) Define the role of knowledge, (3) Create a knowledge strategy linked to business objectives, (4) Identify processes, cultures and technologies needed for implementation of a knowledge strategy and (5) Implement feedback mechanisms
Andersen Consulting (2000) (Gersting, A. et al, 2000)	(1) Acquire, (2) Create, (3) Synthesize, (4) Share, (5) Use to Achieve Organizational Goals, (6) Environment Conducive to Knowledge Sharing
Dataware Technologies, Inc. (1998)	(1) Identify the Business Problem, (2) Prepare for Change, (3) Create the KM Team, (4) Perform the Knowledge Audit and Analysis, (5) Define the key Features of the Solution, (6) Implement the Building Blocks for KM and (7) Link Knowledge to People
Buckley & Carter (1998) Centre For International Business, University of Leeds	Business process approach to knowledge management (no formal methodology but key knowledge processes are identified): (1) Knowledge Characteristics, (2) Value Added from Knowledge Combination, (3) Participants, (4) Knowledge Transfer Methods, (5) Governance and (6) Performance
The Delphi Group (1999)	Specifics about a methodology have not been released, but the following are addressed: (1) Key Concepts and Frameworks for Knowledge Management, (2) How to Use Knowledge Management as a Competitive Tool,

	(3) The Cultural and Organizational Aspects of Knowledge Management,
	(4) Best practices in Knowledge Management,
	(5) The technology of Knowledge Management,
	(6) Market Analysis,
	(7) Justifying Knowledge Management and
	(8) Implementing Knowledge Management
Ernst and Young (1999)	(1) Knowledge Generation,
	(2) Knowledge Representation,
	(3) Knowledge Codification and
	(4) Knowledge Application
Holsapple and Joshi (1997) Kentucky Initiative for Knowledge Management	(1) Acquiring Knowledge (including Extracting, Interpreting and Transferring),
	(2) Selecting Knowledge (including Locating, Retrieving and Transferring),
	(3) Internalizing Knowledge (including Assessing, Targeting and Depositing),
	(4) Using Knowledge,
	(5) Generating Knowledge (including Monitoring, Evaluating, Producing and transferring) and Externalizing Knowledge (including Targeting, Producing and transferring)
Holsapple and Joshi (1998)	(1) Managerial Influences (including Leadership, Coordination, Control, Measurement),
	(2) Resource Influences (including Human, Knowledge, Finacial, Material),
	(3) Environmental Inflences (including Fashion, Markets, Competitors, Technology, Time, Climate),
	(4) Activities (including Acquire, Select, Internalize, Use),
	(5) Learning and Projection as Outcomes
Knowledge Associates (1999)	(1) Acquire,
	(2) Develop,
	(3) Retain and
	(4) Share
The Knowledge Research Institute Inc. (1998)	(1) Leverage Existing Knowledge,
	(2) Create New Knowledge,
	(3) Capture and Store Knowledge,
	(4) Organize and Transform Knowledge and
	(5) Deploy Knowledge
Liebowitz, J. (2000)	(1) Transform Information into Knowledge,
	(2) Identify and Verify Knowledge,
	(3) Capture and Secure Knowledge,
	(4) Organize Knowledge,
	(5) Retrieve and Apply Knowledge,
	(6) Combine Knowledge,

	(7) Learn Knowledge,
	(8) Create Knowledge (loop back to (3)) and
	(9) Distribute/Sell Knowledge
Liebowitz and Becman(1998)	(1) Identify (Determine core competencies, sourcing strategy and knowledge domains),
	(2) Capture (Formalize existing knowledge),
	(3) Select (Asses knowledge relevance, value, and accuracy and resolve conflicting knowledge),
	(4) Store (Represent corporate memory in knowledge repository,
	(5) Share (Distribute knowledge automatically to users based on interest and work and collaborate on knowledge work through virtual teams),
	(6) Apply (Retrieve and use knowledge in making decisions, solving problems, automating or supporting work, job aids and training),
	(7) Create (Discover new knowledge through research, experimenting, and creative thinking) and
	(8) Sell (Develop and market new knowledge-based products and services)
Marquardt (1996)	(1) Acquisition,
	(2) Creation,
	(3) Transfer and Utilization and
	(4) Storage
Monsanto company (Junnarkar, B., 1997)	No formal knowledge management methodology: Use learning maps, values maps, information maps, knowledge maps, measurements, and information technology maps.
The Mutual Group (Saint-Onge, H., 1998)	Capital framework:
	(1) Gather Information (building an explicit knowledge infrastructure),
	(2) Learn (tacit knowledge development),
	(3) Transfer and
	(4) Act (developing capability through values deployment)
The National Technical University of Athens, Greece (Apostolou, D. and Mentzas, G., 1998)	(1) Context (generating knowledge),
	(2) Knowledge Management Goals (organizing knowledge),
	(3) Strategy (developing and distributing knowledge) and
	(4) Culture
O'Dell (1996) American Productivity and Quality Center	(1) Identify,
	(2) Collect,
	(3) Adapt,
	(4) Organize,
	(5) Apply,
	(6) Share and
	(7) Create
PriceWaterhouseCoopers (Steier,	(1) Find,

D.M. et al, 1997)	(2) Filter (for relevance),
	(3) Format (to problem),
	(4) Forward (to right people) and
	(5) Feedback (from users)
Ruggles (1997)	(1) Generation (including Creation, Acquisition, Synthesis, Fusion, Adaptation),
	(2) Codification (including Capture and Representation) and
	(3) Transfer
Skandia (1999)	Universal Networking Intellectual Capital: Emphasizes
	(1) Networking and knowledge sharing,
	(2) Knowledge navigation by project teams,
	(3) Intellectual capital development tool box
Van der Spek and de Hoog (1998)	(1) Conceptualize (including Make an inventory of existing knowledge and Analyse strong and weak points),
	(2) Reflect (including Decide on required improvements and Make plans to improve process),
	(3) Act (including Secure knowledge, Combine knowledge, Distribute knowledge and Develop knowledge) and
	(4) Review (including Compare old and new situation and Evaluate achieved results)
Van der Spek and de Hoog (1997)	(1) Developing New Knowledge,
	(2) Securing New and Existing Existing Knowledge,
	(3) Distributing Knowledge and
	(4) Combining Available Knowledge
Van Heijst et al. CIBIT, Netherlands (1997)	(1) Development (creating new ideas, analyzing failures and examining current experiences),
	(2) Consolidation (storing individual knowledge, evaluation and indexing),
	(3) Distribution (informing users) and
	(4) Combination (combining disparate information and increasing access to distributed data)
Wielinga et al. University of Amsterdam (1997)	Apply CommonKADS methodology to knowledge management:
	(1) Conceptualize (identify/inventory, represent, classify),
	(2) Reflect (models of knowledge development and creation, models for identifying knowledge resources and results) and
	(3) Act (combine and consolidate knowledge, integrate knowledge, develop and distribute knowledge)
Wiig (1993)	(1) Creation and Sourcing
	(2) Compilation and Transformation,
	(3) Dissemination Application and
	(4) Value Realization

www.ingramcontent.com/pod-product-compliance
Lightning Source LLC
LaVergne TN
LVHW042343060326
832902LV00006B/356